Wir danken unseren Interviewpartnerinnen und Interviewpartnern, dass sie sich so großzügig und hilfreich auf dieses Projekt eingelassen haben.

Silke Gronwald, Jg. 1967, Journalistin, Diplom-Volkswirtin und Heilpraktikerin für Psychotherapie, arbeitete 20 Jahre als Reporterin beim stern im Bereich Politik und Wirtschaft, Themenschwerpunkte: u.a. Arbeitspsychologie, Mentale Stärke, Stressbewältigung. Preisträgerin des Helmut-Schmidt-Journalistenpreis, Medienpreis Mittelstand, Medienpreis »Die grüne Reportage«.

Almut Siegert, Jg. 1967, Journalistin, Ethnologin/Volkskundlerin M.A. und Heilpraktikerin für Psychotherapie, Absolventin der Axel Springer Journalistenschule, arbeitet seit 20 Jahren frei für Magazine und Corporate-Publishing-Kunden. Schwerpunkte: Modernes Leben, Psychologie, alternde Gesellschaft und Gesundheit.

www.ten-talks.de

Das Testament des Verstorbenen ist der Spiegel des Lebenden.

Aus Polen

»Achtsam (Ver-)Erben«

Von Geschwisterzwist, alten Rechnungen und ungerechten Testamenten – ein psychologischer Wegweiser durch die Untiefen des Erbens

Silke Gronwald und Almut Siegert

Edition Ten Talks

ACHTSAM (VER-)ERBEN

INHALT

EINLEITUNG   **11**

INTERVIEWS

»Männer vererben anders als Frauen«
Richtiges Erben und Vererben braucht
psychologisches Gespür, weiß Kai Jonas,
Professor für Sozialpsychologie an der
Universität Maastricht   **17**

_____

»Kinder schlüpfen nicht von sich aus in die Rolle
des Sündenbocks oder des Lieblingskindes«
Geschwisterbeziehungen bekommen mit
dem Tod der Eltern noch mal eine ganz neue
Dynamik, sagt der Schweizer
Entwicklungspsychologe Jürg Frick   **37**

_____

»Die Menschen gehen mit verschmierter Mascara
nach Hause, aber mit vollem Herzen«
Hochzeiten und **Beerdigungen** haben viel gemein,
sagt Event-Designerin Nadine Metgenberg. Die
Hamburgerin organisiert Promi-Beerdigungen
 wie die des Schauspielers Jan Fedder   **55**

_____

ACHTSAM (VER-)ERBEN

»Man muss die Menschen akzeptieren – mit ihrer Gier, mit ihrer Weinerlichkeit«
Die **typischen Fallen im Erbrecht** und wie man sie vermeidet, weiß Gerhard Ruby, Fachanwalt für Erbrecht und Leiter der Berliner Erbrechtsakademie **71**

»Die Ungerechtigkeit aus Kindertagen soll ausgeglichen werden. Aber wie soll ich das machen?«
Wie **vererbt man Immobilien** am geschicktesten? Jan Bittler, Experte für Erb- und Vorsorgerecht aus Heidelberg, gibt Expertenrat **87**

»Manchmal ist es klüger zu sagen: Okay, nimm du!«
Konfliktlösungen sind mit bestimmten Leuten kaum zu finden: Die Psychotherapeutin Bärbel Wardetzki gibt Tipps für den Umgang mit schwierigen Menschen **107**

---

*»Die tückischen drei **A**: **A**nschleichen, **A**bschotten, **A**bzocken«*
Erbschleicherei ist ein ernstes Problem und die Dunkelziffer extrem hoch, sagt Volker Thieler, Rechtsanwalt aus München **123**

ACHTSAM (VER-)ERBEN

*»Es geht im Kern immer um dasselbe:
Wer war Papas Liebling?«*
Mit **Mediation** Erbstreitigkeiten beizulegen
oder von Anfang an zu vermeiden, versucht
Dorothée Linden, Rechtsanwältin und
Mediatorin aus Köln **135**

---

*»Es gibt Dinge, die sollen mit ins Grab
gehen«*
Die **heilsame Kraft des autobiografischen
Schreibens:** Die Schreibpädagogin
Kirsten Alers lehrt an Volkshochschulen und
Hochschulen **151**

»Groll liegt wie altes Gerümpel auf der Seele«
Trotzt erlittenem Unrecht nicht in die
Verbitterung abrutschen: Silke Brand,
Psychologische Psychotherapeutin,
erklärt, wie das gelingen kann **169**

RICHTIG ERBEN UND VERERBEN **183**

HÄTTEN SIE'S GEWUSST?
Interessante Erbrechtsfälle **199**

ERBEN IN FILM UND LITERATUR **209**

ACHTSAM (VER-)ERBEN

ACHTSAM (VER-)ERBEN

Einleitung

All die Glücklichen, all die Erben! Sie können in Zeiten des Immobilienbooms noch Häuser und Wohnungen finanzieren. Oder befreit von materiellen Sorgen Schriftstellerin werden oder sich einen Lebenstraum erfüllen, ein kostspieliges Hobby zu betreiben. Für viele Menschen ist eine Erbschaft ein gütiges Geschenk fürs Leben. Schätzungsweise 3,1 Billionen Euro werden im Zehnjahreszeitraum von 2015 bis 2024 in Deutschland vererbt werden. Diejenigen, die davon profitieren, können den vorausschauenden, fleißigen oder begüterten Eltern, Patentanten oder großzügigen Freunden nur danken. Und ja, eine Erbschaft kann viel Gutes bewirken, etwa Geschwister, die in alle Winde verweht sind, wieder enger zusammenbringen und die Familienbande stärken. Kinder übernehmen vielleicht die Firma der Eltern – und betreiben das seit Jahrzehnten entwickelte und gewachsene Geschäft produktiv weiter. Das ist schön. Für all diese Menschen ist dieses Buch nicht geschrieben. Sie brauchen es nicht.

Dieses Buch mit seinen zehn Interviews ist für all jene gedacht, für die Erben zum kritischen Lebensereignis wird: Vielleicht, weil sich im Testament des Vaters die dysfunktionale Familienstruktur, unter der sie ein Leben lang litten, einmal mehr zeigt. Oder weil sie zermürbt sind von schier unauflöslichen Erbkonflikten. Oder, weil sie traurig, ratlos und verbittert sind, wenn sie erfahren, wie ihre Eltern ihren Nachlass geordnet haben. Oder aber, weil sie Ärger abwenden wollen. Weil sie vorausschauend handeln möchten, aus Sorge, dass sich die Familie nach ihrem Tod wegen des Erbes streiten und entzweien könnte.

In der Münchner Pinakothek hängt ein Werk des britischen Genremalers David Wilkie von 1820, »Die Testamentseröffnung«. Gemalt sind das Arbeitszimmer des Verblichenen, den man im Porträt an der Wand über dem Notar erkennen kann, und die Verlesung des Testaments in Anwesenheit der Erben und deren unterschiedliche Reaktionen. Die Menschen auf Wilkies Gemälde sind in die Roben, gefältelten Krägen und Wamse jener Zeit gekleidet. Die Gefühle, die ihre Gesichtszüge erahnen lassen, erleben Menschen angesichts eines Nachlasses heute noch genauso: Spannung, Freude, Überraschung, Stolz und Gewissheit, aber eben auch: Zweifel, Wehmut, Neid, Enttäuschung, Verbitterung oder Fassungslosigkeit.

ACHTSAM (VER-)ERBEN

Wir Menschen neigen dazu, Erfahrung in Identität zu übersetzen, und das Verhalten anderer auf unsere eigene Art zu interpretieren. Das Gefühl: *Ich werde benachteiligt*, wird in *Ich bin weniger wert* umgemünzt, und *Etwas Schlimmes passiert*, wird zu *Ich bin schlecht*. Eine Hinterlassenschaft – insbesondere die der eigenen Eltern – kann solche eine schwierige Erfahrung sein. Der Bruder erbt die ein Leben lang in Ehren gehaltene goldene Uhr? Oder man erfährt, dass die Schwester schon seit Jahrzehnten heimlich mit Schenkungen bedacht wurde? Das Vertrauen ist massiv erschüttert. Ja, man kann in solchen Fällen seinen Pflichtanteil verlangen, ungerechte Schenkungen mithilfe eines Rechtsanwalts anfechten. Das Gefühl, von seinen Eltern genauso geliebt und von seinen Geschwistern genauso geschätzt zu werden, kommt davon aber nicht zurück. Stattdessen deuten wir die Entscheidungen dieser Menschen oft als Wahrheit darüber, wer und wie wir sind.

Juristische Erben-Ratgeber gibt es viele. Doch die helfen in solchen Momenten wenig. Die Erklärungen von Psychologinnen, Therapeuten, Mediatorinnen und Juristen in diesem Buch sollen befähigen, das Geschehene besser einzuordnen. Verstehen heißt nicht, etwas gutzuheißen. Aber der Abstand, den wir im Reflektieren über schmerzhafte Erfahrungen gewinnen können, erleichtert die Seele oft schon etwas.

Wer erfahren möchte, wie er oder sie korrekt ein Testament abfassen kann, wie hoch der Pflichtanteil ist oder in welchem Fall ein Erbschein beantragt werden sollte, dem helfen die weiterführenden Lesetipps und Links im Serviceteil weiter. Die Interviews in diesem Buch hingegen beschäftigen sich nicht mit rechtlichen Feinheiten, sondern sie loten aus: Was bedeutet Erben und Vererben für die eigene Psyche, für die Identität und für unsere Beziehungen?

Gleichwohl: Sich unter diesem Aspekt auch ein wenig mit der im Bürgerlichen Gesetzbuch vorgesehenen gesetzlichen Erbfolge zu beschäftigen, kann interessante Erkenntnisse erbringen, etwa die: nur Blutsverwandte sind bei uns erbberechtigt. Das Gesetz fragt nicht: *Wer hat mir Gutes getan? Wem fühle ich mich verbunden?* Sondern nur: *Mit wem habe ich gemeinsame Vorfahren?* Aber entspricht diese Betrachtung auch meiner Sicht aufs Leben und auf meine Beziehung? Wenn nicht, ein guter Grund ein Testament zu verfassen, das die eigene Bewertung besser widerspiegelt. Wir können das Erbrecht als ein »juristisches Meisterwerk« (Gerhard Ruby) verstehen, das im Bürgerlichen Gesetzbuch in den Paragrafen 1922 ff. BGB geregelt ist. Gleichzeitig spiegeln die Gesetze des Erbrechts immer auch die kulturellen Normen einer Gesellschaft wider, sie sind eben keine Naturgesetze, sondern sie wurden über die Jahrzehnte und Jahrhunderte immer wieder gesellschaftlichen und kulturellen Veränderungen angepasst. Und es steht uns frei, dieses zu erkennen, zu hinterfragen und beim Abfassen unseres eigenen Testaments oder in der Diskussion innerhalb der Erbengemeinschaft unseren individuellen Weg zu suchen, wohl gesetzeskonform, aber im Sinne der eigenen Werte.

Dieses Buch ist deshalb auch für die Menschen gedacht, die es gut machen wollen. Die ihren Nachlass bedacht, mit Achtsamkeit und Fairness ordnen möchten. Menschen, die bereit sind, die

ACHTSAM (VER-)ERBEN

Verantwortung für ihr Erbe zu übernehmen und an ihre Nachkommen nicht nur Geld und Gold, sondern auch gute Gefühle und ein friedliches Miteinander weitergeben möchten. Die verschiedenen Interviews vermitteln Ideen, worüber man im Vorfeld nachdenken kann: *Wie möchte ich erinnert werden? Was bedeutet für mich Gerechtigkeit? Wie spreche ich mit meinen Erben am besten über das Thema?* Und: *Was macht mein Erbe überhaupt aus?*

Das eigene Handeln (oder auch: Nicht-Handeln) und vor allem auch die Gefühle, die mit einem Erbe verbunden sind, achtsam wahrzunehmen, kann, so hoffen wir, vieles leichter machen. So ist es jetzt für mich und das könnte es für die anderen bedeuten – wer es sich gönnt, sich Zeit für solche Überlegungen zu nehmen, eröffnet den Weg für Entwicklung und für Wachstum. Vielleicht reifen darüber auch Beziehungen innerhalb der Familie, die vorher verstrickt und verheddert waren.

Wer sich mit Erben und Vererben beschäftigt, kommt nicht umhin, über die eigene Sterblichkeit, über den Tod nachzudenken. Das klingt nicht gleich verlockend – aber die Dinge für sich und für die Menschen, die man liebt und schätzt, zu ordnen und der Endlichkeit des Lebens damit akzeptierend zu begegnen, kann auch eine sehr befreiende Wirkung haben. Dies wünschen wir all unseren Leser und Leserinnen – und auch uns selbst.

ACHTSAM (VER-)ERBEN

ACHTSAM (VER-)ERBEN

»Männer vererben anders als Frauen«

Wie gehe ich fair mit meinen Nachkommen um? Wie kann ich mein Erbe ohne Streit weitergeben? Der Sozialpsychologe **Kai Jonas** berät Erblasser und Erblasserinnen bei der klugen Gestaltung ihres Nachlasses

ACHTSAM (VER-)ERBEN

Professor Jonas, Sie geben psychologische Erbberatung. Ist der Nachlass nicht vor allem ein juristisches und steuerrechtliches Problem?
JONAS: Das ist häufig das Missverständnis. Und ich muss auch sagen: Es ist eine sehr deutsche Herangehensweise. In anderen Ländern, etwa den Niederlanden, den skandinavischen Ländern und den Vereinigten Staaten, wird Vererben stärker als Sinnfrage verstanden. Was will ich weitergeben? Was sind meine Werte? Was bedeutet für mich Gerechtigkeit? Und damit wird es zur psychologischen Frage. Der verengte Blick auf steuerliche und juristische Aspekte, also: Wie fasse ich mein Testament korrekt ab? Wie kann ich möglichst viel Steuern sparen? - ist meiner Ansicht nach falsch und vor allem ist er auch nicht hilfreich. Die wirklich relevanten Themen bleiben dabei außen vor.

Worum geht es?
JONAS: Die Auseinandersetzung mit unserem Erbe konfrontiert uns mit unserer eigenen Vergänglichkeit, mit unseren Wünschen und Sehnsüchten, aber bietet auch die Möglichkeit, die Normen und Werte weiterzugeben, die uns wichtig sind. Die Gestaltung unseres Testaments bietet uns zudem die Chance, nachhaltig in die nächste Generation hineinzuwirken, im Positiven wie im Negativen. Es ist ein Akt großer Verantwortung, einer der letzten, den man im Leben übernimmt.

Was hält viele Menschen trotzdem davon ab, ein Testament zu verfassen?
JONAS: Es ist vermutlich bei den meisten die Angst vor dem Tod. Man will nicht sterben und sich nicht mit diesem Thema beschäftigen. Das Beispiel anderer Länder zeigt allerdings: Man kann damit auch anders umgehen. Wenn Sie in den Niederlanden mit Mitte 30 ihr erstes Haus kaufen, überreicht Ihnen der Notar dabei auch die nötigen

ACHTSAM (VER-)ERBEN

Informationen für das Testament. Und wenn Kinder geboren werden, schickt das Standesamt die Aufforderung, das Testament an die neuen Familiensituation anzupassen! Das wird dort als notwendige Formalität angesehen, um dafür zu sorgen, dass die Dinge richtig laufen, falls jemand sterben sollte.

Warum ist das in Deutschland anders?
JONAS: Darüber kann ich nur spekulieren. Dass bei uns die Selbstverständlichkeit fehlt, sich frühzeitig mit seinem Nachlass zu beschäftigen, könnte auch etwas mit unserer Vergangenheit zu tun haben, mit der deutschen Geschichte des 20. Jahrhunderts. Denn wenn Sie darüber nachdenken, was der eigene Groß- oder Urgroßvater getan hat, wie sich die Familie während der NS-Zeit verhalten hat, dann ist dieses Familienerbe vermutlich eher etwas, von dem Sie sich distanzieren möchten. Andere Gesellschaften haben es da vielleicht etwas leichter. Wer nicht so einen schweren Rucksack voller Schuld trägt, der kann einfacher sagen: Das sind unsere Familienwerte, die wir seit Generationen weitergeben.

Trotz dieses Unbehagens: Welche Vorteile hat es für Erblasser, wenn sie ihr Erbe frühzeitig besprechen und regeln?
JONAS: Wenn ich eine Familie gegründet habe, dann ist das ein Akt der Liebe und der Verantwortung gegenüber denen, die mir wichtig sind. Ich kann regeln, dass diese Menschen finanziell abgesichert sind oder dass es nicht nach meinem Tod zu einer großen Familienkrise kommt. Es ist aber auch eine Form der Selbstfürsorge. Das eigene Erbe zu regeln, ist eine Möglichkeit, die Dinge in seinem Sinne zu gestalten und zu ordnen, um sie dann loslassen zu können. Das kann sehr befriedigend und befreiend sein.

ACHTSAM (VER-)ERBEN

Das Erbe ungeordnet zu lassen, kann für die Erblasser aber auch den Vorteil haben, dass sie die Macht bis zuletzt in der Hand behalten.
JONAS: Das spielt tatsächlich auch immer wieder eine Rolle. Wir nennen das den »verspäteten Taschengeldentzug«. Das sind Erziehungsmaßnahmen, die Menschen hochbetagt noch durchführen wollen, so, wie sie damals als junger Vater oder Mutter über Taschengeldentzug oder Bestrafung ein bestimmtes Verhalten der Kinder erzwingen wollten. Natürlich spielt Macht da eine Rolle. Häufiger sind es Väter, die auf diese Weise noch Dinge mit ihren Kindern regeln, sie vielleicht sogar bestrafen wollen. Solche Machtdemonstrationen führen zwangsweise zu Familienkonflikten und dann zu Gerichtsverfahren vor Familiengerichten. Dabei ist das vermeidbar. Allerdings muss man mit sich selbst ins Reine kommen und sich überlegen, was man da eigentlich wirklich will.

Warum haben besonders Männer das Bedürfnis, mit ihrem Erbe zu erziehen?
JONAS: Das ist zumindest unsere persönliche Erfahrung in der Beratung. Gerade in der älteren Generation gibt es häufig noch dieses Denken: *Das ist das Leben, das ich von dir gewollt hätte.* Dahinter steht die Idee, dass Kinder in die Berufe ihrer Eltern eintreten, eine bestimmte Rolle im Familiensystem einnehmen oder einen gewissen Status erreichen sollen. Wenn die Kinder da nicht mitspielen und ihr eigenes Ding machen, kommt es zu Enttäuschungen, häufig besonders auf der väterlichen Seite. Und da möchte man sich bis zum Ende die Möglichkeit offenhalten, sein Missfallen ausdrücken. Zudem gibt es immer Lieblingskinder und weniger geliebte Kinder. Das hat sich oft schon durchs ganze Leben gezogen und findet mit einem ungerechten Erbe den Abschluss. Die Betroffenen stehen dann vor der Frage, was sie damit tun wollen. Ob sie das hinter sich lassen können oder ob sie

versuchen, auf juristischem Wege doch noch Recht zu bekommen, was häufig auch nicht gelingt.

Und was empfehlen Sie in solchen Fällen?
JONAS: Das ist eine große Entscheidung, die jeder für sich treffen muss. Aus der beratenden Position heraus können wir nicht sagen, was jemand tun soll. Aber wir können zumindest die verschiedenen Optionen aufzeigen. Jeder hat die Wahl, ob er oder sie sich in diesen Konflikt hineinbegibt oder damit abschließt. Wer erkennen kann, dass es vor allem die empfundene Ungerechtigkeit und mangelnde Wertschätzung sind, die schmerzen, dem gelingt es meist besser, eine heilsame Distanz zum Geschehen einzunehmen. Wer seine Eltern bittet, ihr Erbe schon zu Lebzeiten klar zu regeln, gilt schnell als gierig – selbst, wenn es vor allem darum geht, Konflikte zu vermeiden. Da kann es helfen, es auch so anzusprechen, also sein Motiv offenzulegen: *Ich mache mir Sorgen, dass es Streit mit meinem Bruder, mit meiner Schwester gibt. Könnt ihr euren Teil dazu beitragen, es zu verhindern?* Dann geht es eben nicht um das Erbe an sich, sondern darum, einen Konflikt nicht erleben oder führen zu müssen. Es kann auch eine interessante Flugroute sein, wenn man nicht gleich über das Erbe spricht, sondern über das Thema Patientenverfügung einsteigt: »Mama, wir müssen ein paar Dinge einfach regeln. Welche Behandlungen du möchtest, was du dir wünscht. Äußere dich dazu bitte, damit wir wissen, wie wir uns zu verhalten haben.« Und so kann sich nach und nach ein Thema neben das andere gesellen.

Das hört sich so einfach an …
JONAS: Es ist tatsächlich häufig ein schwieriges Unterfangen, mitunter geradezu eine Catch-22-Situation. In Familien, in denen bereits Konflikte schwelen, ist es doppelt wichtig, das Erbe gut zu regeln. Aber

gerade in diesen Familien ist es manchmal fast unmöglich, das Thema konstruktiv anzusprechen.

Wie häufig kommt es zu unethischen Testamenten?
JONAS: Glücklicherweise gibt es die immer seltener. Testamente, die man vor ein paar Jahrzehnten noch gesehen hat, wo stand, »wenn du nicht das und das tust, die und die Frau heiratest oder nicht die Firma übernimmst, dann bekommst du nichts«, sind heute selten. Die Gefühlslage mag es noch geben, aber Erblasser haben verstanden, dass das vor Gericht keinen Bestand hat und einfach nicht funktioniert.

Streiten reiche Menschen mehr ums Erbe als nicht so wohlhabende?
JONAS: Nein. Ich kann mich über 2000 Euro und einen gehäkelten Bettvorleger genauso formidabel streiten wie über zwei Millionen Euro und drei Ferienhäuser. Der psychologische Streitwert ist vollkommen unabhängig vom materiellen Streitwert. Und wenn Sie sich anschauen, um welche Summen vor Gericht gestritten wird, stellen Sie fest, dass es häufiger die untere und mittlere Mittelschicht ist, die sich nicht einigen kann – und auf diese Weise Werte vernichtet. Die Reichen leisten sich frühzeitig Rechtsanwälte und notarielle Beratung. Oder es gibt sogar Family Offices. Wo Wohlstand ist, wird der Nachlass meist ganz klar geregelt, um den erarbeiteten Wohlstand in der Familie zu halten.

Wer nicht so viel Geld hat, dem fehlt das Know-how?
JONAS: Meiner Ansicht nach gibt es in diesem Bereich ein erhebliches Informations- und Beratungsdefizit, was zum Nachteil der ärmeren Bevölkerungsschichten geht, die dann mit nutzlosen Familiengerichtsverfahren und durch Honorare für Anwälte das eh schon nicht so üppige Erbe noch stärker dezimieren. Aufklärung wäre hier wichtig.

ACHTSAM (VER-)ERBEN

Um was streiten sich Erben vor allem?
JONAS: Wie gesagt: Der psychologische Wert von bestimmten Objekten unterscheidet sich häufig stark vom tatsächlichen monetären Wert. Da wird dann diskutiert, wer die Sammeltasse bekommt, die kaum fünf Euro wert ist. Es war vielleicht die Lieblingstasse des Erblassers und da möchte man eben, dass man die bekommt oder dass jemand anders sie auf keinen Fall bekommt.

Gibt es auch den umgekehrten Fall: Ein Erbe fühlt sich mit wertlosem Kram abgespeist, der dem Erblasser jedoch viel bedeutet hat?
JONAS: Na klar. In der Erbberatung gehört es zu unserem Job, Erblassern zu vermitteln, dass sie sich darüber im Klaren sein müssen, dass das, was sie als wertvoll erachten, für ihre Erben häufig überhaupt nicht wertvoll, sondern fast mehr belastend ist. Wenn wir bei den Sammeltassen bleiben: Sie sind mir persönlich vielleicht sehr wichtig, ich habe 300 davon. Jemand anderes denkt sich jedoch nur: *Um Gottes Willen, was soll ich jetzt damit? Wohin damit?* Es gibt häufig eine große Diskrepanz, was die Menschen wertvoll finden.

Und was mache ich, wenn ich die 300 Tassen nicht mag?
JONAS: Viele Erben sind erst einmal überfordert, wie sie mit ihrem Erbe umgehen sollen. Die Aufbewahrung von 300 Sammeltassen gehört da noch eher zu den kleinen Problemen. Die übergeordnete Frage ist: Wie gehe ich mit der mir auferlegten Verantwortung um? Manche verfallen regelrecht in Starre, weil sie das Andenken an den Erblasser bewahren möchten. Das Haus darf nicht umgebaut werden, es darf nicht verkauft werden. Alles muss so bleiben, wie Papa und Mama das wollten, obwohl man selbst an dem Haus oder wie es eingerichtet ist überhaupt keine Freude hat.

ACHTSAM (VER-)ERBEN

Dann gibt's natürlich auch die Personen, die im Erbe die große Chance sehen, ihren Lebensstandard zu verbessern, die sich den Erblassern gegenüber nicht so sehr verpflichtet fühlen. Und das ist häufig die Angst des Erblassers, dass das Erbe verprasst wird oder es nicht in dem Sinne verwendet wird: *Ich habe dafür hart gearbeitet und dann wird es aus dem Fenster rausgeschmissen.* Wir haben experimentelle Studien dazu gemacht. Sie sind noch nicht abgeschlossen, aber was man schon sehr deutlich sieht, ist, dass je schwächer die persönliche Bindung zum Erblasser ist, oder je weiter weg die verwandtschaftliche Beziehung ist, desto größer ist die Wahrscheinlichkeit, dass die Erben mit der Erbschaft machen, was sie wollen. Mit dem Geld der Erbtante wird riskanter umgegangen, es wird leichter ausgegeben als das Geld der eigenen Eltern!

Oft steht eine Immobilie einfach am falschen Platz.
JONAS: Ein großer Punkt. Viele Erblasser vererben derzeit Immobilien in irgendwelchen Kleinstädten. Die Kinder sind aber längst weggezogen, haben mit dem Dorf, in dem sie einst groß wurden, überhaupt nichts mehr am Hut. Die Einfamilienhäuser mit gigantischen Grundflächen sind für sie überhaupt nicht nutzbar, dahin will niemand zurück. Und als Ferienhaus taugen sie auch nicht. In den kommenden Jahren wird einiges vererbt werden, das das stolze Lebenswerk der Erbauer gewesen sein mag, doch so traurig es ist, heute einfach Immobilienschund ist.

Darf ich die 300 Sammeltassen wegschmeißen, den Immobilienschund veräußern?
JONAS: Ja, natürlich darf ich das. Wie man das kommuniziert, ist eine andere Sache. Die Situation ist vielleicht etwas vergleichbar mit der eines Feldarztes, der einem schwer verletzten Soldaten sagt: »Du schaffst das«, obwohl er weiß, dass der Soldat die nächste Stunde nicht

ACHTSAM (VER-)ERBEN

überleben wird. Aber vielleicht verstirbt der Mann so friedlicher als wenn der Arzt ihm ehrlich gesagt hätte, dass es aussichtslos ist. Denn mit so einer Aussage kommen im Sterbeprozess Adrenalin und Panik dazu. Genauso können auch bei einem Erben innerliche Absprachen nötig sein, um zu entscheiden: »Ja, ich mach das jetzt so, damit diese Person glücklich versterben kann. Aber ich habe eine andere Form des Umgangs für mich damit gefunden.« Ob man dem Erblasser zu Lebzeiten sagt, dass man die Tassen nicht behalten, das Haus verkaufen wird, ist eine Frage, die jeder individuell für sich beantworten muss. Aber auch hier finden Menschen mitunter sehr kreative und konstruktive Lösungen.

Etwa?
JONAS: Ich habe das im Freundeskreis mitbekommen. Da wurde auch so eine Herrlichkeit von provinziellem Familienpalast vererbt. Alle drei Kinder hatten mit der Volljährigkeit Elternhaus und Kleinstadt sofort verlassen. Die Eltern haben all die Jahre vergeblich gefordert und gehofft, dass zumindest eins der Kinder doch noch wieder zurückkommt. Jedes von ihnen hatte noch sein altes Kinderzimmer im Haus. Glücklicherweise haben es die drei Geschwister geschafft, sich nach dem Tod der Eltern von diesem Erbe nicht niederdrücken zu lassen. Sie wollten lieber etwas für sich schaffen, wo sie gemeinsam Spaß haben können. Sie haben das Elternhaus verkauft und sich für das Geld eine Ferienwohnung in Frankreich gekauft, die sie gemeinsam nutzen können. Es erfordert sicherlich eine gewisse emotionale Reife, loszulassen und den Erinnerungswert von einem Objekt auf ein anderes übertragen zu können.

So viel Einigkeit unter Geschwistern ist nicht selbstverständlich. Wie gelingt eine gerechte Verteilung?

ACHTSAM (VER-)ERBEN

JONAS: Es ist sinnvoll, sich als Erblasser oder Erblasserin vorab darüber Gedanken zu machen, was eine gerechte Verteilung sein könnte. Es gibt verschiedene Gerechtigkeitsmodelle, die die Menschen nicht unbedingt vor Augen haben.

Zum Beispiel?
JONAS: Wir denken immer, jeder muss dasselbe bekommen. Das ist aber nur einer Form von Gerechtigkeit. Nehmen Sie das Beispiel: Es gibt zwei Kinder, für das eine ist es gut im Leben gelaufen, das andere strauchelte. Dann kann es gerecht sein, dass die Eltern sich für beide Kinder wünschen, dass es ihnen beiden gut gehen möge. Ist das das Ziel, bedeutet es auch, dass das strauchelnde Kind mehr bekommt als das andere Kind. Man sollte sein Gerechtigkeitsmodell aber unbedingt transparent machen: »Das ist der Grund, warum ich auf diese Art und Weise vererben möchte und nicht so, wie ihr euch das vielleicht vorgestellt habt.« Oder: »Mir ist Tierwohl wahnsinnig wichtig. Deshalb bekommt das Tierheim Geld.« Wenn die Erben verstehen, dass es dem Erblasser ein wichtiges Anliegen war, können sie auch leichter nachvollziehen, warum das Erbe auf eine bestimmte Art und Weise aufgeteilt wurde.

Es könnte doch aber auch sein, dass das Kind, dem es besser geht, sparsamer war und das andere sein Geld rausgehauen hat. Wie gerecht ist es da, dem finanziell besser gestellten Kind weniger zu vererben?
JONAS: In der Tat, die Bewertung von Bedürftigkeit ist höchst subjektiv. Das Beispiel zeigt einmal mehr, dass Vererben und Erben nur am Rande juristische Vorgänge sind. Testamente spiegeln häufig eine jahrzehntelange Familiendynamik wider. Ein gleichlautendes Testament kann weise und gerecht sein oder es kann eine dysfunktionale Rollenverteilung in der Familie noch einmal mehr

zementieren. Wie die Beteiligten das bewerten, hängt davon ab, was in den Jahrzehnten zuvor geschehen ist. Das A und O, um Konflikte zu vermeiden, ist, die verschiedenen Möglichkeiten und Varianten vorher mit den Erben zu besprechen! Und wenn der Erblasser merkt, seine Vorstellungen stoßen überhaupt nicht auf Akzeptanz, dann ist das vielleicht nicht das Modell, für das er sich entscheiden sollte. Aber das ist eben genau der Unterschied. Wir hatten früher die Vorstellung, Erbe sei der letzte Wille, der geschlossene Briefumschlag, der nach dem Tod geöffnet wird. Aber das ändert sich. Viele Menschen beginnen schon zu Lebzeiten damit, in Form von Schenkungen ihr Erbe zu verteilen. Dazu passt dann eben auch der verschlossene Briefumschlag nicht mehr, sondern man sollte das Erbgespräch eigentlich konstant führen.

Beobachten Sie Veränderungen? Fällt es den Leuten mittlerweile leichter, über ihr Testament zu sprechen oder ist das nach wie vor ein Tabuthema?
JONAS: Mein Vater, der auch Erbberatung macht, hatte vor nicht so langer Zeit einen Klienten, der war in etwa so alt wie er, um die 80 Jahre. Und der Klient meinte: »Um mein Testament muss ich mich ja noch nicht kümmern. Ich hab ja noch Zeit.« Mein Vater meinte daraufhin: »Entschuldigung, Sie können jetzt hier vom Stuhl fallen. Also so viel Zeit ist da nicht mehr.« Kurz: Leute, die sich überhaupt nicht mit dem Thema beschäftigen wollen, die gibt es immer noch. Aber es bewegt sich etwas. Es gibt eine ganze Reihe Initiativen, auch von kirchlicher Seite, die das Thema Patientenverfügung pushen und auch sagen: »Regelt bitte euer Erbe«, etwa die Aktion »Was bleibt« von der Evangelischen Landeskirche Baden. Bei dem Projekt wird derzeit darüber nachgedacht, eine App zu entwickeln, mit der die Leute ihre Dokumente gebündelt ablegen und sie mit anderen teilen können. Wenn es dafür Nachfrage gibt, zeigt das meiner Ansicht nach, dass sich auch zunehmend jüngere Menschen mit diesem Thema beschäftigen.

ACHTSAM (VER-)ERBEN

Die Bereitschaft, so vorausschauend zu planen, erfordert eine gewisse Reife und Reflektion.
JONAS: Das ist richtig. Und wir müssen wohl davon ausgehen: Was früh nicht da ist, besteht später auch nimmer. Das sind dann vielleicht die Menschen, die sich auch mit 80 noch nicht um ihr Erbe kümmern möchten. Oder die mit dem Erbe erziehen oder strafen wollen. So etwas wird es vermutlich immer geben. Das ist unvermeidlich. Das gehört dann in die Normalverteilung hinein. Aber wir können doch beobachten, dass unsere Gesellschaft zukunftsgerichteter wird! Das sehen wir auch im Kontext des Klimawandels. Und in dieser größeren gesellschaftlichen Strömung wächst vermutlich auch die Motivation, sich mit Thema Erben verantwortungsbewusst auseinanderzusetzen.

Was ist ein gutes Testament?
JONAS: Ich würde erst mal einen Schritt zurückgehen und sagen, jedes Testament, das geschrieben worden ist, ist ein gutes Testament, weil es zeigt, dass sich jemand Gedanken gemacht hat und seinen Nachlass regeln wollte. Dann kann ich im zweiten Schritt natürlich gucken, was steht in diesem Testament drin? A, ist es rechtsgültig? B, erzeugt es möglicherweise Konflikte? Meiner Ansicht nach ist ein Testament dann ein gutes Testament, wenn es das Endergebnis eines Gesprächs mit den Erben darstellt, den Abschluss einer Interaktion. Es muss nicht gerecht sein. Konkret: Wenn ich dort festgelegt habe, was ich vorher mit meinen Erben abgesprochen habe, wenn die wissen, was im Testament steht und wir gemeinsam zu diesem Ergebnis gekommen sind. Aber inhaltliche Kriterien zu nennen, ist schwer möglich. Schauen Sie, da geht es wieder um die Frage: Was ist gerecht? Und da gibt es eben unterschiedliche Gerechtigkeitsmodelle.

Welche gibt es denn?
JONAS: Equity, Equality und Shareholder Value. Das sind die drei

ACHTSAM (VER-)ERBEN

Modelle, die häufig in der einen oder anderen Form oder in Mischformen zur Anwendung kommen. Equity meint, dass nach Bedarf und Bedürftigkeit verteilt wird, Equality, dass alle Erben genau gleich viel erhalten. Unter Shareholder Value verstehen wir, dass ein Erbnehmer mehr in die Beziehung zum Erblasser »investiert« hat als die anderen Erben. Das kann beispielsweise ein Kind sein, das die elterliche Pflege übernommen hat und daher für dieses Handeln belohnt wird. Und das vierte Modell, aber das ist eigentlich in dem Sinne kein Gerechtigkeitsmodell, ist, dass man eben für sich entscheidet: *Hey, meine Erben bekommen nur den Pflichtteil. Was noch übrig bleibt, gebe ich einer Institution oder Menschen, die mir persönlich wichtig sind.* Durch die gesellschaftlichen Veränderungen wird das immer häufiger vorkommen.

Warum?
JONAS: In der Babyboomer-Generation versterben viel mehr Menschen, die ihr Leben kinderlos und als Singles verbracht haben. Sie müssen sich häufiger damit auseinandersetzen, dass ihre Erben relativ weit entfernte Verwandte sind, mit denen sie herzlich wenig zu tun haben. Und dass sie zu den Personen und Institutionen, die ihnen wichtig sind und nahestehen, keine familiären Bindungen haben. Je weniger die klassische Familie die dominante Lebensform ist, je weniger eigene Kinder zu einer Normalbiografie dazugehören, desto mehr werden wir zu neuen Formen von Vererbung kommen, die nicht mehr entlang des klassischen Erbrechts laufen. Ich gehe davon aus, dass auch der Gesetzgeber darauf irgendwann reagieren wird.

Wie könnte das aussehen?
JONAS: Beispielsweise gilt es, die steuerliche Bewertung von Erbnehmern und deren Freibeträge anzupassen. Die hohen Kinderfreibeträge sind ein sehr deutsches Phänomen, in den

ACHTSAM (VER-)ERBEN

Niederlanden liegt der Freibetrag für Ehepartner bei ca. 670.000 Euro, der für Kinder – egal ob leiblich, Pflege- oder Stiefkind, bei 21.000 Euro. Hier gehen andere Länder andere Wege, um das Vererben außerhalb der Familie möglich zu machen. Das sind Diskussionen, die wir in den nächsten 20, 30 Jahren bekommen werden, weil einfach mehr und mehr Singles ihr Geld nach ihren Wünschen vererben möchten. Und dann gibt es die Patchworkfamilien, die häufig sehr komplexe Erbmuster darstellen.

Was sind da die Schwierigkeiten?
JONAS: Herausfordernd wird es, wenn es Kinder aus verschiedenen Partnerschaften und Beziehungen gibt, die dann auch noch auf verschiedenen rechtlichen Status stehen. Das sind Fälle, in denen eine sehr saubere Erbschaftsplanung im psychologischen, aber auch im juristischen Sinne nötig ist. Wenn man das nicht gut macht, dann geht das ganz schnell gehörig schief.

Denken Sie hier an ein Paar mit jeweils Kindern aus einer früheren Ehe, das dann auch noch gemeinsame Kinder hat: Wenn da frühzeitig mit Schenkungen Vermögen übertragen wurde, dann entstehen schnell Situationen, die als Ungleichbehandlung wahrgenommen werden können. Besonders schwierig wird es, wenn auch noch die finanziellen Mittel fehlen, um das wieder auszugleichen. Niemand kann in die Beziehungszukunft schauen, aber oftmals werden frühere Schenkungsentscheidungen dann zu einer schweren Belastung.

Vererben Frauen anders als Männer?
JONAS: Das ist eine Frage, die ich derzeit sehr interessant finde: Wie vererben Frauen, wie vererben Männer und wie wird das auch durch mediale Einflüsse gesteuert? Es gibt eine Kampagne eines schweizerischen Luxusuhrenherstellers. Ein Foto von Vater und Sohn, darunter der Slogan: »Man besitzt diese Uhr nie wirklich, sondern man

bewahrt sie nur für die nächste Generation auf.« Da geht bei mir schon das Hoppla los, weil ich mir denke, warum muss die Uhr jetzt vom Vater an den Sohn gehen und nicht an die Tochter? Das ist ein tradiertes Modell, das da kommuniziert wird. In einer weiteren Variante sind neuerdings zwei Söhne da, aber der ältere steht im Mittelpunkt. Man könnte den Werbespot so interpretieren, dass der Ältere der Erbe sein wird. Was soll damit kommuniziert werden? Und der Konflikt ist schon programmiert, denn eine Uhr kann nur einer erben. Eine Variante mit Mutter und Tochter gibt es inzwischen auch, aber vielleicht hätte der Sohn auch lieber die Uhr der Mutter, für sich selbst, oder seine Partnerin oder Tochter. Dieses Denken erleben wir auch in der Beratung. Wenn Ehepaare kommen, weiß man eigentlich ganz schnell, wer das Testament geschrieben hat. Fast immer ist das der Mann. Die Frau versucht manchmal noch Einfluss zu nehmen, aber viel passiert da meist nicht mehr. Den umgekehrten Fall, dass die Frau die Aktenmappe mitbringt und sagt: »Wir haben da schon mal etwas aufgesetzt«, den gibt es fast nie. Es ist immer der Mann, der die Aktenmappe trägt, in der sich der Entwurf befindet.

Dabei sterben Männer im Schnitt früher.
JONAS: Genau. Und deshalb kommen Frauen in höherem Lebensalter häufig doch noch dazu, dass sie sich Gedanken darüber machen müssen, wie sie vererben wollen. Aber da gibt es eben wenig Modellwissen und Vorbilder. Und solche Werbekampagnen verstärken die gesellschaftlichen Normen und Rollenbilder wieder und wieder. Über Jahrhunderte war es in unseren patriarchalisch geprägten Gesellschaften selbstverständlich, dass die männlichen Erstgeborenen den Hof bekommen oder bestimmte Titel erben. Auch wenn diese Regelung bereits vor einem Jahrhundert abgeschafft wurde, ist unser Denken und Fühlen bis heute davon geprägt. Aber so muss es ja nicht sein. Die ethnologische Forschung zeigt: Es gab immer

auch Gesellschaften, wo das Erbe über die mütterliche Linie weitergegeben wurde.

Unsere westliche Tradition ist also nur eine von verschiedenen Möglichkeiten?
JONAS: Ja. Es ist nicht so, dass die Form, wie wir vererben, per Definition die einzig richtige oder gar ein Naturgesetz ist. Deswegen ist es wichtig, genauer hinzuschauen. Wir können im positiven Sinne Einfluss nehmen, dass auch Erblasserinnen autonom ihre Entscheidungen treffen können und eben nicht nur das Anhängsel der Aktenmappe ihres Ehegatten sind.

Wie unterstützen Sie Menschen dabei, für sich selbst eine stimmige Lösung zu finden?
JONAS: Wir können bei der Klärung der eigenen Motive helfen, indem wir fragen: »Was ist Ihnen wirklich wichtig? Wofür stehen Sie als Person? Wofür möchten Sie erinnert werden?" Über diese Fragen kommen viele Menschen oft auf den Wert, der für sie zentral ist: *Bin ich zum Beispiel jemand, der andere Menschen miteinander verbindet? Möchte ich, dass Menschen sich bei mir wohlfühlen? Bin ich eine gastfreundliche Person, sozialer Klebstoff? Oder fördere ich andere?* Dann können wir gemeinsam überlegen: »Gut, wenn es das ist, wofür Sie stehen, wie könnte man das in einer testamentarischen Form ausdrücken?« Und da kommen die Leute häufig auf ganz eigene und sehr sinnvolle Ideen.

Zum Beispiel?
JONAS: Da war ein sehr erfolgreicher Unternehmer, der für sich herausgefunden hatte: »Ich stehe dafür, andere Leute dabei zu unterstützen, erfolgreich zu sein.« Er entschied sich, eine Stiftung zu gründen, die junges Unternehmertum fördern soll. Was ich in dem Fall interessant und beeindruckend fand, war, dass er irgendwann

erkannte, dass seine finanziellen Mittel zwar robust waren, aber nicht so opulent, dass eine eigene Stiftung sinnvoll gewesen wäre. Und da hat er sich entschlossen, sein Geld einer bereits bestehenden Stiftung zu geben. Stiftungen werden häufig als letzter Schliff des Egos betrachtet, weil man sich damit in gewisser Weise selbst ein Denkmal setzt. Aber ihm ging es vor allem um die Sache. Eine nachhaltige, ökonomisch sinnvolle Lösung zu finden, hat ihn mehr befriedigt. Es musste keine Stiftung sein, die seinen Namen trägt.

Welche Motive gibt es beim Vererben noch?
JONAS: Macht spielt bei Erbaufteilungen und in Testamenten eine sehr große Rolle. Menschen mit einem hohen Machtmotiv in ihrem Leben fällt es schwer, davon bei ihrem Erbprozess Abstand zu nehmen. Viele Menschen sehen ein Testament geradezu als ideale Möglichkeit an, machtvoll über ihren eigenen Tod hinaus zu wirken – besonders wenn es um größere Summen und Werte geht. Man kann sich dieser Macht verantwortungsbewusst stellen oder man kann sie ausnutzen. Der Gedanke, dass das eigene Testament angefochten und verändert zur Geltung kommen kann, ist für Menschen mit einem hohen Machtmotiv eine Horrorvorstellung. Das Ende der eigenen Macht zu akzeptieren ist schwer, aber eine unabdingbare Voraussetzung für ein modernes, kommunikatives Erbe.

Was leitet Menschen noch beim Abfassen ihres Testamentes?
JONAS: Manche Menschen haben ein starkes Bedürfnis, ihren Nachkommen möge es besser gehen. Sie haben ein sehr starkes Versorgungsmotiv. Diese Erblasser sind häufig anfällig für Gerechtigkeitskonflikte, da sie Aufteilungen vornehmen, dass die Versorgung von Bedürftigen über der gleichmäßigen Aufteilung steht. Das kann in Familien, obwohl vielleicht gut gemeint, höchst explosiv

wirken. Grundsätzlich kann man jedoch sagen: Ein Motiv in Reinform liegt selten vor, meist überlagern sie sich.

Sie sprechen auch über Angst als Motiv. Welche Rolle spielt dieses Gefühl beim Vererben?
JONAS: Wir möchten als Individuen gerne Kontrolle erhalten, das ist ein zentrales menschliches Bedürfnis. Manche Menschen verfallen angesichts ihrer Sterblichkeit in eine Art Angststarre und regeln ihr Erbe nicht, weil es eine Annäherung an den Tod bedeuten würde. Angst kann aber eben auf der anderen Seite dazu führen, dass ich im Handeln Sicherheit suche. Im Kontext des endenden Lebens gibt es eine ganze Reihe von Ritualen, die es uns erleichtern, die letzte Reise anzutreten. Dazu gehört auch das Testament. Es kann dazu führen, dass ich das Gefühl habe, ich kann jetzt gehen, ich kann loslassen. Das, was ich hinterlasse, das habe ich gut geregelt.

Dr. Kai Jonas (Jg. 1972) ist Sozialpsychologe. An der Maastricht University/NL hat er gegenwärtig den Lehrstuhl für Angewandte Sozialpsychologie inne und ist zudem Präsident der European Association of Social Psychology und Editor-in-chief von Comprehensive Results in Social Psychology. Gemeinsam mit seinem Vater Hubertus A. Jonas hat er einen Ratgeber für eine verantwortungsbewusste Erbgestaltung verfasst, »Konfliktfrei vererben« (Hogrefe), maastrichtuniversity.nl/kai.jonas

ACHTSAM (VER-)ERBEN

ACHTSAM (VER-)ERBEN

ACHTSAM (VER-)ERBEN

»Kinder schlüpfen nicht von sich aus in die Rolle des Sündenbocks oder des Lieblingskindes«

Wenn Geschwister um das Erbe streiten, hat das meist eine lange Vorgeschichte. Der Schweizer Entwicklungspsychologe **Professor Jürg Frick** beschäftigt sich seit Jahrzehnten mit den Höhen und Tiefen von Geschwisterbeziehungen. Im Interview beschreibt er, was Erbkonflikten vorausgegangen sein könnte – und wie eine reife Lösung aussieht

ACHTSAM (VER-)ERBEN

Professor Frick, was passiert, wenn die Eltern sterben? Wie entwickelt sich dann das geschwisterliche Verhältnis?
FRICK: Das kann vereinfacht gesagt in zwei Richtungen gehen. Zum einen kann sich wieder mehr Nähe einstellen, die Geschwister können ihr Verhältnis verbessern, weil eben nicht mehr so im Vordergrund steht: Wer kommt bei den Eltern besser an? Wer wird mehr geliebt? Und sie stellen vielleicht fest, dass sie doch viel verbindet, gemeinsame Erinnerungen und Erfahrungen. Das wäre die günstige Variante.

Und die ungünstige?
FRICK: Die ist leider auch nicht so selten: nämlich, dass die Konflikte, die die Geschwister schon vorher nicht lösen konnten, jetzt erst recht aufbrechen. Ursache ist dann sehr häufig das alte Gefühl, zu kurz gekommen zu sein. Die Nachlassregelung wird so zu einer kaum lösbaren Aufgabe. Es beginnt häufig schon vorher, wenn Eltern älter werden, Unterstützung benötigen, ins Heim kommen. Wer geht den Vater ins Spital begleiten? Wer kümmert sich? Und wenn die Eltern gestorben sind, geht es weiter: Wer regelt was? Was steht im Testament, vielleicht wieder das Typische? »Du bekommst diese tolle Brosche, die ich auch gerne hätte. Das war schon immer so, dass du bevorzugt wirst.« Dieser Konflikt, der unterschwellig schon immer da war, zeigt sich jetzt offen. Und nun muss man sich einigen, und geht es nur um minimale Beträge. Mir hat eine Mediatorin einmal erzählt, dass es bei einem Geschwisterstreit um 15 Cent (!) ging, also den Bruchteil eines Euros. Da wollte die Mediatorin das beenden: »Schauen Sie, dann lege ich Ihnen die 15 Cent hin. Das ist doch idiotisch.« Aber die Geschwister wollten das nicht!

Es ging ums Prinzip.
FRICK: Es sind nie die 15 Cent, auch nicht die 500 Euro. Es geht immer um das Gefühl: Ich werde benachteiligt. Ich bin immer zweitrangig. Ich

kann mich nicht durchsetzen. Oder: Ich wurde nicht geliebt. Das sind dann Fälle, die vor dem Richter landen oder wo die Geschwister jahrelang streiten, sehr viel Geld verheizen und dann den Kontakt zueinander abbrechen und nichts mehr miteinander zu tun haben wollen. Und zwischen diesen beiden Extremen gibt es ganz viele Spielarten. Und es ist nicht immer voraussehbar, in welche Richtung das Pendel ausschlägt.

Man kann tatsächlich nicht absehen, wie sich die Beziehung der Geschwister nach dem Tod der Eltern entwickelt?
FRICK: Man kann es mit einer gewissen Plausibilität prognostizieren. Wenn die Geschwister schon vorher eine gute Beziehung hatten, dann ist die Chance größer, dass sie das Erbe gütlich regeln können, das Verhältnis vielleicht sogar noch enger wird. Und wenn es schon vorab sehr problematisch war, dann ist die Wahrscheinlichkeit höher, dass durch den Tod der Eltern und die Klärung des Erbes das Verhältnis nicht besser wird. Aber ganz definitiv, hundertprozentig sicher kann man nie sein.

Überraschungen sind immer möglich?
FRICK: Ich war vor zehn Jahren im Schweizer Radio eingeladen für eine Sendung zum Thema Geschwister. Da hat eine Frau angerufen. Sie war um die vierzig. Sie erzählte: »Ich habe zu meiner jüngeren Schwester immer ein miserables Verhältnis gehabt. Und dann hatte ich das Problem, ich brauchte eine Niere. Ich hab' das der Schwester aber nicht erzählt. Weil ich früher immer gesagt hab, die Schwester, die ist doof. Dann hat diese doofe jüngere Schwester irgendwoher erfahren, dass ich krank bin. Sie hat angerufen und war bereit, mir eine Niere zu spenden.«

Das hat die ältere Schwester, die die Niere brauchte, fast aus den Schuhen gehauen. Sie hat das Geschenk angenommen. Es war für sie wie eine Wiedergeburt. Seitdem feiern die Schwestern jedes Jahr diesen Tag als den Geburtstag ihrer Beziehung. Das hat mich wirklich beeindruckt. Manchmal gibt es Ereignisse, die eine schwierige Beziehung wirklich verändern können. Oft verläuft es leider auch völlig anders.

Wo der Tod der Eltern vielleicht genutzt wird, um endlich mal Rache zu nehmen am Bruder oder der Schwester?
FRICK: Ja, es gibt auch üble Geschichten. Etwa dass ein Geschwister dann sagt: »Du warst ja immer schwierig. Ich wollte dir schon immer mal sagen, wie schlimm das für die Eltern war, wirklich schlimm.« Man kann sich vorstellen, dass das andere Geschwister sich nicht bedankt für diesen Hammer. Es gibt wirklich viele Varianten, wie Geschwister als Erwachsene miteinander umgehen.

Manchmal sorgen die Eltern über ihren Tod hinaus dafür, dass die Rollenverhältnisse so bleiben, wie sie sind. Oder sie stiften mit ihrem Testament noch einmal mehr Unfrieden. Warum?
FRICK: In einem vergifteten Testament spiegeln sich oft unerledigte Beziehungssituationen der Eltern mit den Kindern, mit ihren eigenen Geschwistern oder ihren eigenen Eltern wider, wo sie vielleicht auch niedergemacht wurden oder sich ohnmächtig fühlten. Und das geben sie nun unreflektiert weiter. Oder das Kind ist Akademiker und die Eltern nur einfache Arbeiter und sie fühlen sich minderwertig und schlagen aus diesem Gefühl heraus zurück. Oder sie tun es, weil sie das Verhalten des Kindes nie akzeptiert haben, etwa weil es aus ihrer Sicht den falschen Partner geheiratet hat.

Solche Gedanken gehen Eltern beim Abfassen ihres Testaments durch den Kopf?

ACHTSAM (VER-)ERBEN

FRICK: Vermutlich schreiben Eltern so etwas selten wirklich nüchtern und rational nieder. Häufiger fühlen sie sich vom Verhalten, von den Lebensentscheidungen ihres Kindes irgendwie ungerecht behandelt, gekränkt oder verletzt. Und aus diesem unreflektierten, diffusen Gefühl heraus wollen sie das Kind »bestrafen«. Da läuft vermutlich vieles unbewusst ab. Erkennbar ist auf jeden Fall eine wenig versöhnliche Haltung anderen Menschen gegenüber, eine Unreife am Lebensende. Die Eltern wälzen mit ihrem Testament eigene unerledigte Konflikte auf die Kinder ab.

Oder sie wollen über den Tod hinaus erziehen?
FRICK: Manche Eltern haben tatsächlich die tiefe Überzeugung, sie müssten den Kindern noch an ihrem Lebensende was mitgeben, damit sie doch noch endlich vernünftig werden. Das ist Ausdruck einer entmündigenden Haltung. Eigentlich müsste man sich sagen: *Ich habe die Kinder erzogen nach meinen Vorstellungen. Jetzt ist es das Leben der Kinder. Was sie daraus machen, ist ihre Sache.* Alles andere ist aus meiner Sicht eine Grenzüberschreitung.

Wenn Eltern das Erbe ungleich verteilen, tun sie dies vielleicht auch aus dem Gefühl heraus, das eine Kind mehr als das andere versorgen zu müssen.
FRICK: Das kann durchaus ein Grund sein. Wenn Eltern sehen, dass das eine Kind in sehr guten finanziellen Verhältnissen lebt, einen guten Beruf, einen guten Partner hat, und das andere Kind war vielleicht lange arbeitslos, hat Mühe wieder auf die Beine zu kommen, wird später eine geringe Rente haben oder ist vielleicht behindert, dann kann eine ungleiche Verteilung aus dieser Perspektive gerechtfertigt und richtig sein. Ganz entscheidend ist aber, wie die Eltern das vorher kommunizieren: Dass nicht einfach ein Kind plötzlich und unerwartet

mehr bekommt, sondern die Eltern ihre Pläne offenlegen, sie mit allen Kindern besprechen und es im besten Fall zusammen entscheiden.

Es gibt keine Standardlösung ...
FRICK: Es ist eine ganz schwierige Sache mit dieser Gerechtigkeit. Ich habe auch schon den Fall erlebt, wo ein Erblasser versucht hat, alles bis auf den letzten Heller zu berechnen, um gerecht zu sein. Aber das eine Kind hatte immer noch das Gefühl, benachteiligt zu sein. Das alte Gefühl, das weniger geliebte Kind zu sein, kann manchmal selbst durch eine ganz genaue Buchhaltung nicht mehr aufgelöst werden.

Mal angenommen, mein Bruder oder meine Schwester haben von den Eltern ohne nachvollziehbaren Grund deutlich mehr geerbt. Wie gehe ich mit dieser Situation am besten um?
FRICK: Es ist wichtig, dass man realisiert: Ja, das hat tatsächlich stattgefunden. Wenn man Personen im Umfeld hat, die eine Distanz zum Ganzen haben, die relativ objektiv sind, vielleicht Leute, die die eigenen Eltern sogar gekannt haben, kann es hilfreich sein, mit ihnen darüber ins Gespräch zu kommen. *Warum war das so? Wie erklärst du dir das? Was bedeutet das?* Ist die Situation gravierend, ist es sinnvoll mit Außenstehenden zu sprechen, mit einer Psychologin oder einem Psychologen. Da kann man das Geschehene leichter verarbeiten und klären: Was könnten die Motive der Eltern gewesen sein? Wie haben sie die Situation womöglich wahrgenommen?

Inwiefern hilft mir das?
FRICK: Es geht darum, zu trennen: Die Eltern haben mich möglicherweise ungerecht behandelt. Aber das heißt nicht, dass ich deswegen weniger wert bin, sondern das hat Gründe, die außerhalb von mir selbst liegen. Diesem Verhalten lag ein Problem zugrunde, das die Eltern mit sich hatten. Es hilft häufig, die Lebensgeschichte der

ACHTSAM (VER-)ERBEN

Eltern noch einmal genauer anzuschauen. Nicht um deren Verhalten zu rechtfertigen, schönzureden oder das Vorgefallene zu negieren, sondern um zu verstehen, wo die Eltern herkommen, in welcher Zeit sie groß wurden. Standen sie vielleicht finanziell unter Druck? Gab es traumatische Erfahrungen? Welche Rolle hatten sie in ihrer Herkunftsfamilie? Auf diese Weise kann man erkennen: *Das war die Situation meiner Eltern. Aber das hat nichts mit mir als Person zu tun.* Wenn man das Geschehene zumindest verstehen kann – man muss es deshalb ja nicht gutheißen –, kann man sich ein Stück weit davon distanzieren. Dann ist der Groll geringer und die Lebensqualität steigt.

Muss das Unrecht auch von dem anderen, von dem bevorzugten Geschwisterteil anerkannt werden, damit es wieder gut werden kann?
FRICK: Es kann eine große Entlastung sein, wenn der Bruder oder die Schwester klar sagen: »Ja, dir wurde Unrecht getan.« Aber das muss echt sein, von Herzen kommen. Nicht so ein Blabla: »Jaja, so war das«. Das ist eine Bagatellisierung, die die negativen Gefühle eher noch verstärkt.

Kann man mit seinen Geschwistern nach dem Tod der Eltern noch etwas klären?
FRICK: Ja, das kann unter Umständen sehr viel bringen. Ob die Aufarbeitung gelingt oder die Geschwister sich nur noch mehr verstricken und verzetteln, hängt davon ab, wie weit die Beteiligten bereit und in der Lage sind, die eigene Position zu hinterfragen. Menschen, die in einem therapeutischen Setting oder bei einer Mediation nur hören wollen, dass allein der andere im Unrecht ist und sie nur die Opfer sind – da bewegt sich dann kaum etwas. Da kann sich nichts ändern. Die Leute müssen eine minimale Bereitschaft haben, auch die andere Position einzunehmen, um zu verstehen, warum es so

gekommen ist. Dann haben sie die Chance, auch wenn es schmerzhaft ist, etwas zu verändern. Ich habe bei einem solchen Prozess einmal drei Geschwister begleiten dürfen. Das kann sehr anrührend sein.

Was war die Motivation dieses Trios?
FRICK: Die drei Schwestern haben ihre Familie, ihre Eltern sehr unterschiedlich erlebt. Die Jüngste empfand ihre Kindheit als sehr unbeschwert, die Älteste musste nach dem Tod des Vaters sehr früh Verantwortung für die zwei Jüngeren übernehmen. Sie hat das als eine große Last empfunden. Für sie war die Kindheit völlig anders. Aber es gab ein gegenseitiges Verstehen: Wie hat es die andere wahrgenommen? Wie war es für sie? Was hat das für ihr Leben jeweils bedeutet? Die Gespräche, die wir hatten, waren sehr frei und offen. Es war anfänglich auch ein gewisser Groll dabei, ja, aber die drei waren nicht ineinander verkeilt. Im Mittelpunkt stand der Wunsch, einander besser zu verstehen und sich näherzukommen, gerade weil sie weit auseinander leben.

Wiederannäherung ist möglich!
FRICK: Auf jeden Fall. Aber nicht immer. Ich hatte vor einigen Jahren zwei Schwestern bei mir in der Beratung, die waren schon 67 und 69 Jahre alt, die wohnten zusammen, wohnen wahrscheinlich noch heute zusammen. Die haben sich sogar geprügelt. Zwei gesetzte, ältere Damen! Zunächst kam die eine Schwester zu mir in die Beratung. Nach einigen Einzelsitzungen habe ich dann die andere Schwester dazu gebeten und versucht, mit beiden gemeinsam zu sprechen. Es war nicht möglich. Ich habe mehrmals interveniert, und ich bin darin nicht unerfahren.

Es ist mir nicht gelungen, die Auseinandersetzungen in konstruktive Bahnen zu lenken. Die haben wie kleine Kinder gestritten. Ich habe die Sitzungen beendet und ihnen geraten, alles

ACHTSAM (VER-)ERBEN

Rechtliche mit einem Mediator oder einem Anwalt zu klären, weil sie durch das Haus, das sie gemeinsam geerbt hatten, finanziell verbunden waren. Sie können gerne wiederkommen, aber sie müssen bereit sein, ihre eigene Position mindestens ein bisschen zu hinterfragen und die Sicht der anderen in Erwägung zu ziehen. Ich habe jetzt mehrere Jahre nichts mehr von Ihnen gehört. Ich nehme an, sie streiten immer noch. Das ist schrecklich.

Wie würden Sie das Verhältnis von erwachsenen Geschwistern im Allgemeinen charakterisieren: Sind sie wie Freunde, nur, dass sie miteinander verwandt sind?
FRICK: Geschwisterliche Beziehungen können viele freundschaftliche Anteile haben. Aber Freunde, die kann man sich aussuchen, mit denen kann man streiten und sich auch von ihnen für immer verabschieden, wenn man es möchte. Die Beziehung zu Geschwistern, die hat man, im Guten wie im Schlechten. Die kann man sich nicht auswählen. Kontaktabbruch unter Geschwistern kommt zwar vor, aber das ist immer ein komplizierterer Fall. Egal wie zerstritten, sie bleiben ein Leben lang die Geschwister und spätestens beim Erben oder wenn es um die Pflege der Eltern geht, muss man sich wieder irgendwie zusammenraufen. Man kann, um den Kommunikationswissenschaftler und Psychologen Paul Watzlawick zu variieren, nicht eine Nichtbeziehung zu Geschwistern haben. Die gemeinsame Herkunft und Entwicklung bilden ein unauflösbares Band.

Lieben Eltern ihre Kinder gleich?
FRICK: Das ist eine Forderung der Gesellschaft, ein Ideal. Von der Forschung ist es schon lange widerlegt.

ACHTSAM (VER-)ERBEN

Stattdessen bevorzugen Eltern oft ein Kind, ziehen es dem anderen vor, was gerade beim Erben zu vielen Konflikten führt. Warum?
FRICK: Das kann viele verschiedene Gründe haben. Zunächst: Eltern sind nicht einfach neutrale Personen. Je nachdem, wie Kinder sich verhalten, stößt das bei ihnen auf mehr oder weniger Sympathie oder Antipathie. Eigene unverarbeitete Muster begleiten auch Eltern ein Leben lang und können in der Begegnung mit dem eigenen Kind aktualisiert werden. Wenn dann zum Beispiel das Kind ähnlich reagiert wie damals die doofe ältere Schwester, die man hatte, geht das blitzschnell, häufig unbewusst. Das kann für die Eltern-Kind-Beziehung belastend sein, besonders, wenn man so gar nicht merkt, dass die gegenwärtigen negativen Gefühle weniger mit dem Kind, sondern viel mehr mit eigenen, lang zurückliegenden Erfahrungen zu tun haben.

Und ein anderes Kind löst vielleicht aus demselben Grund sehr positive Gefühle aus?
FRICK: Ja. Und hinzu kommt: Das verschonte Kind spürt unbewusst schon sehr früh, dass es sich unbedingt anders als sein Bruder oder seine Schwester verhalten muss, um nicht auch abgelehnt zu werden. Es ist dann pflegeleicht, lieb und zurückhaltend und kommt mit diesem überangepassten Verhalten besser an bei den Eltern. Oder es übernimmt die Rolle des Kindes, das besonders tatkräftig ist und mutig vorangeht, um den Eltern zu gefallen. Und so entwickeln sich in Familien und unter Geschwistern manchmal sehr schnell Tragödien.

So eine Art Dominoeffekt im Familiensystem?
FRICK: Je unausstehlicher das eine Kind den Eltern erscheint, desto angenehmer präsentiert sich das andere Kind. Und je länger dieses Familien- und Geschwistermuster abläuft, desto mehr verfestigen sich die Rollen und es zementieren sich Lebensstile. Die Rolle des guten

oder bösen Kindes wird zum festen Bestandteil der Persönlichkeit und des Selbstbildes. Abgelehnt, in Ungnade gefallen oder in eine Sündenbockrolle gestoßen zu werden, kann bei den Betroffenen tiefe Spuren und Wunden hinterlassen, unaufgearbeitet ein Leben lang. Allerdings sind auch für die »guten« Geschwister die Kosten hoch, da sie, nur um vor der Abwertung verschont zu bleiben, ihre Identitätsentwicklung zu stark auf die Wünsche der Eltern ausrichten.

Wenn Vater und Mutter jeweils verschiedene Lieblinge haben – entsteht dann so etwas wie ausgleichende Gerechtigkeit?
FRICK: In der Regel bedeutet es für ein Kind keinen oder nur einen geringen Ausgleich, wenn die Mutter das eine und der Vater das andere Kind bevorzugt: Jedes Kind fühlt sich um den Elternteil betrogen, dessen Liebling es nicht ist. Diese Erkenntnis ist wichtig für Eltern, die Privilegierungen durch den anderen Elternteil quasi kompensieren wollen.

Wodurch kann eine Ungleichbehandlung noch ausgelöst werden?
FRICK: Wenn Menschen eigene, aktuelle Probleme in ihre Elternschaft hineintragen. Sie kommen beruflich oder in der Partnerschaft nicht zurande, suchen dafür einen Sündenbock und finden ihn tragischerweise im eigenen Kind. Dem wird die Rolle zuteil, für alles verantwortlich zu sein, was im eigenen Leben nicht gelingt. Eigene Probleme werden auf das Kind projiziert. Das ist eine sehr ungünstige Dynamik, die hier stattfinden kann ...

Vieles davon läuft unbewusst ab, wie können Eltern trotzdem gegensteuern?
FRICK: Ich glaube, für Eltern ist es wichtig, dass sie nicht der Ideologie nachhängen, sie könnten ihre Kinder zu jedem Zeitpunkt immer genau gleich lieben. Völlig Gleichheit werden sie nie erreichen. Das ist kaum

möglich. Sie können aber sehr wohl versuchen, in diese Richtung zu gehen, und ihre Kinder ähnlich, und vor allem: fair behandeln. Das ist schon sehr viel. Und wenn sie merken, dass sie Lieblingskinder heranziehen oder fördern, sollten sie das hinterfragen. Das wäre reife Elternschaft.

Und eine unreife?
FRICK: Wenn da eben so gar keine Reflexion über das eigene Verhalten und über eigene Gefühle stattfindet. Eltern können selbstverständlich nicht alles zu hundert Prozent steuern, aber sie haben erheblichen Einfluss auf Beziehungsgeschehen zwischen den Geschwistern. Ohne jetzt mit der Schuldfrage zu kommen, muss man doch festhalten: Kinder schlüpfen nicht von sich aus in die Rolle des Sündenbocks oder des Lieblingskindes. Sie bekommen von ihren Eltern früh über die vielfältigsten Kommunikationskanäle, implizit und explizit, mitgeteilt: Es gibt bestimmte Verhaltensweisen, die Ablehnung oder Bevorzugung hervorrufen, bestimmte Persönlichkeitszüge werden gemocht oder missbilligt. Kinder sind Seismografen. Die spüren das schnell. Sie nehmen auch Dinge wahr, die vielleicht gar nicht so von den Eltern geplant sind, die aber die Rivalität untereinander oder gegenseitige Ablehnung der Kinder bestärken können.

Hat das Lieblingskind es später im Leben leichter?
FRICK: Das Problem bei diesen bevorzugten Kindern ist, dass sie die Vorzugsstellung auch im Erwachsenenleben weiter einfordern und erwarten, immer besonders behandelt und geliebt zu werden. Das kann in Partnerschaften oder im Beruf zum Problem werden. Die Anspruchshaltung *Ich bin etwas Besonderes, ich verdiene eine Vorzugsbehandlung* führt über kurz oder lang zu Konflikten.

Kann es auch sein, dass sich Lieblingskinder schuldig fühlen?

ACHTSAM (VER-)ERBEN

FRICK: Das gibt es auch, natürlich. Das wäre die andere Variante, dass das bevorzugte Kind starke Empathie für das benachteiligte Geschwister aufbringt. Die ist aber eher selten. Aus meiner Erfahrung entwickelt sich aber häufiger eine Anspruchshaltung. Ich kann mich zum Beispiel an einem Mann erinnern, der war als Kind sehr bevorzugt. Als Erwachsener hat er von seiner Schwester stets nur als »die da« gesprochen. Das war extrem abwertend. Er fand das ganz normal.

Und das von den Eltern benachteiligte Kind? Ist es im späteren Leben zum Scheitern verurteilt?
FRICK: Das ist sehr individuell. Das weniger geliebte Kind kann seinen Frust zum Ausdruck bringen, in die Opposition gehen, noch mehr stören oder gar aggressiv werden – und dann von den Eltern noch mehr entwertet und benachteiligt werden. Oder es fügt sich. Es »akzeptiert«, dass der Bruder oder die Schwester eben mehr wert ist. Es versucht sich so einen Weg zu bahnen. Aber der Preis, den es dafür zahlt, ist hoch. Das Selbstbild *Ich bin eben nur zweite Garnitur. Das ist so, das Leben ist so, das* entwickeln Frauen wahrscheinlich etwas häufiger, weil sie sich aufgrund der gesellschaftlichen Rollenbilder tendenziell angepasster verhalten. Grundsätzlich lässt sich sagen: Es ist für alle Geschwister schädlich und belastend, wenn die Eltern eines dem anderen vorziehen. Daneben gibt es auch benachteiligte Kinder, die trotz alledem ihren Weg finden, meistens dank anderen, sie unterstützenden Beziehungen wie Lehrpersonen, Verwandte, Freunde usw.

Wie ist es bei Ihnen persönlich, haben Sie Geschwister?
FRICK: Ich habe eine drei Jahre ältere Schwester.

ACHTSAM (VER-)ERBEN

Und die unterschiedliche Rollenverteilung, die es ja in fast jeder Familie gibt, haben Sie das auch erlebt?
FRICK: Ja klar. Für Kinder ist es essenziell, ihre eigene Rolle zu finden. Sie wollen keine Fotokopie des Geschwisters sein. Sie gucken sich vom Bruder oder der Schwester etwas ab, orientieren sich an ihnen, aber sie wollen auch Eigenständigkeit erreichen und als Individuen wahrgenommen werden. Dieses Oszillieren zwischen Identifizierung und Abgrenzung, das habe ich natürlich auch mit meiner Schwester erlebt.

Hat diese Erfahrung Sie als Wissenschaftler zum Thema Geschwister geführt?
FRICK: Eigentlich nicht. Ich hatte bei Gesprächen mit Klienten und Klientinnen immer wieder bemerkt, dass die Geschwisterbeziehung etwas ist, das die Leute sehr beschäftigt, das oft großen Einfluss auf ihr Leben hat. Nach meiner Ansicht wird dieses spannende Thema bis heute nicht genug angeschaut – schon Sigmund Freud hat die Geschwisterbeziehung kaum interessiert, da war er nahezu blind.

Inwiefern?
FRICK: Vielleicht eine kleine Anekdote. Freud besuchte das Gymnasium und störte sich beim Lernen daheim daran, dass seine Schwester im Zimmer nebenan auf dem Klavier übte. Sie musste deshalb mit dem Unterricht aufhören. Das war für das Mädchen eine Katastrophe, weil zu der Zeit musste eine Frau aus dieser Schicht Klavier spielen können, um sich gut verheiraten zu können. Aber Siggi fühlte sich beeinträchtigt. Das allein zählte. Wir können heute drüber lachen, aber das war eine Tragödie für die Schwester.

Konnte Freud in späteren Jahren anerkennen, dass da Unrecht geschehen war?

ACHTSAM (VER-)ERBEN

FRICK: Nein. Überhaupt nicht. Eine ebenbürtige Person neben sich, eigenständig und originell, das war für Freud zeitlebens undenkbar. Er hat später gegen seinen Kollegen Alfred Adler massiv intrigiert, dann auch gegen andere, gegen Sandor Ferenczi und C.G. Jung. Weil, er war daheim der Liebling der Mutter, der Siggi, der einmal ein Genie wird. Ich sage das jetzt nicht, weil ich Freud entwerten möchte. Freud hat Bedeutsames geleistet. Aber hier hatte er selbst ein ganz großes ungelöstes Problem, das er als erwachsener Mann in seinem beruflichen Umfeld ausgelebt hat. Das hatte verheerende Folgen. Die psychoanalytische Schule wurde gespalten. Freuds Beispiel zeigt gut, in welchem Ausmaß die Geschwisterbeziehung uns lebenslang beeinflussen kann.

Nicht nur im Umgang mit Partnern und Partnerinnen und den eigenen Kindern?
FRICK: Nein, genauso auch im Miteinander mit anderen Menschen. Unzählige Erlebnisse, Gefühle und Reaktionsmuster sind mit unseren Geschwistern verbunden, auch wenn ein erheblicher Teil davon vergessen, verdrängt oder gar verleugnet werden kann. Bei Konflikten in Schulen oder in beruflichen Teams kann man jedoch immer wieder beobachten, wie die Rolle, die ein Mensch in der Kindheit als Bruder oder Schwester hatte, noch Jahrzehnte später Auswirkungen haben kann. Welchen Platz ein Mensch in seiner Familie eingenommen hat, hat großen Einfluss darauf, wie er sich später anderen Menschen und der Welt gegenüber verhält.

Zum Beispiel?
FRICK: Die nervige Kollegin ist besonders deshalb so nervig, weil sie an die Schwester erinnert. Ein Chef mit lauter Stimme lässt uns genauso zusammenzucken und unterwürfig sein wie damals der brüllende Bruder. Oder wir lassen uns von Kollegen genauso vor den

Karren spannen wie damals von den großen Geschwistern. Erkennt man das so gar nicht, versteht nicht, dass es sich zu einem guten Teil um alte, biografische Gefühle handelt, wiederholt man immer wieder ungewollt die ungünstigen Muster, reagiert bei einem nichtigen Anlass vielleicht sehr schroff oder beginnt zu weinen und wird damit für das Gegenüber unverständlich. Natürlich gilt das auch umgekehrt. Wir können auch lebenslang von den Erfahrungen profitieren, die wir mit unseren Brüdern und Schwestern gemacht haben. Was wir mit ihnen erlebt haben, ihr Einfluss, kann eine Bürde, aber auch ein großer Schatz sein. Oft ist es beides.

Dr. Jürg Frick (Jg. 1956) ist schweizerischer Psychologe. Er berät seit vielen Jahren in eigener Praxis, seit 2003 ist er Professor an der Pädagogischen Hochschule Zürich, seit 2017 in freier Tätigkeit. Seine Arbeitsschwerpunkte sind u.a. Resilienz und Resilienzförderung, die Geschwisterbeziehung sowie Entwicklungspsychologie. Neben Beratung und Lehre ist er zudem Autor einer Vielzahl von psychologischen Fachbüchern etwa »Ich mag dich, du nervst mich! Geschwister und ihre Bedeutung für das Leben« (Hogrefe), juergfrick.ch

ACHTSAM (VER-)ERBEN

ACHTSAM (VER-)ERBEN

ACHTSAM (VER-)ERBEN

»Die Menschen gehen mit verschmierter Mascara nach Hause, aber mit vollem Herzen«

Hochzeiten und Beerdigungen haben eine ganze Menge gemein, weiß die **Event-Designerin Nadine Metgenberg**. Als ihr Mann stirbt, steht die Hamburgerin mit vier Kindern und einer frisch gegründeten Eventagentur ganz alleine da. Heute plant sie Großevents – unter anderem die Beerdigung des Schauspielers Jan Fedder.

ACHTSAM (VER-)ERBEN

Frau Metgenberg, die Liebe und der Tod – das ist Ihr Business. Heute sprechen wir über den Tod. Mit dem will sich eigentlich keiner so gerne beschäftigen.
METGENBERG: Ich komme vom Dorf. Wir haben mit drei Generationen in einem Haus gelebt. Meine Eltern haben gearbeitet, wir Kinder wurden von den Großeltern betreut. Die hatten alle Zeit der Welt. Dieses enge Zusammenleben beinhaltete auch, dass die Großeltern im betagten Alter bei uns zu Hause gestorben sind. Ins Krankenhaus oder Heim zum Sterben zu gehen, war kein Thema. Das ist heute total anders. Wer hat überhaupt schon mal einen Toten gesehen? Also ich wage mal zu behaupten, nicht sehr viele Menschen!

Der Tod wird immer mehr tabuisiert?
METGENBERG: So ist mein Eindruck. Dabei muss der Tod wieder in die Mitte des Lebens zurück, dorthin, wo er hingehört. Er ist ein Teil unserer Existenz. Aber bei diesem ganzen Jugendwahn, den wir alle betreiben, ist das schwierig. Es sind so viele Ängste da. Dabei wissen wir doch gar nicht, ob es danach nicht vielleicht eine viel bessere Welt gibt. Ich glaube, die Angst vor dem Tod hat zwei Komponenten. Es ist einmal die Furcht vor Schmerzen im Sterbeprozess. Aber wir können doch hoffen, dass das mit modernen Medikamenten ganz gut in den Griff zu bekommen ist. Und das andere ist die Trauer darüber, im Leben etwas verpasst, nicht erledigt oder erlebt zu haben. Wenn wir uns diese Ängste eingestehen, können wir besser mit ihnen umgehen, ja, gegensteuern. Wir müssen uns bewusst machen: Keiner von uns wird am Ende sagen: Oh je, ich war zu wenig im Büro. Aber vielleicht: Ich hätte noch gerne zusammen mit dem einen oder anderen Menschen Zeit verbracht.

Sie haben selbst diese Erfahrung gemacht?

ACHTSAM (VER-)ERBEN

METGENBERG: Ja, mein Mann ist vor einigen Jahren früh gestorben. Vielleicht kann ich deswegen Hinterbliebenen auch noch mal anders gegenübertreten. Ich bin sozusagen eine aus dem Club. Ich gehöre dazu. Ich rede frei von der Leber weg, habe keine falschen Hemmungen. Ich glaube, dass ich gewisse Dinge sagen und tun darf, die jemand, der das noch nicht erlebt hat, vielleicht nicht so kann. Ich kann eine Witwe verstehen. Ich habe eine Ahnung, wie es in ihr aussehen könnte. Ich kenne das Gefühl, wenn man überhaupt nicht mehr weiß, wo oben und unten ist. Wo es nur noch darum geht, die nächste Stunde, den nächsten Tag zu bewältigen, einatmen, ausatmen.

Was zeichnet eine gute Trauerfeier aus?
METGENBERG: Ganz wichtig: Was für ein Mensch ist da gestorben? Wofür stand er? Was hat diese Person bewirkt? In welchem Umfeld hat sie sich bewegt? Was hat sie bei ihren Mitmenschen für Gefühle ausgelöst? Was ist ihr emotionales Erbe? Mir ist wichtig, Raum für diese Gefühle zu schaffen. Am Ende sollen alle spüren, dass sie zu einer Gemeinschaft gehören, die verbunden ist in der Zuneigung zu dem Verstorbenen. Das ist die große Klammer.

Wie schaffen Sie es innerhalb kurzer Zeit herauszufinden, wer der oder die Tote war?
METGENBERG: Durch die Gespräche mit den Angehörigen. Und manche Verstorbene teilen sich uns über eine Bestattungsverfügung mit, in der sie minutiös festgehalten haben, wie sie sich ihren Abschied wünschen. Darüber erfahren wir viel. Der Hamburger Schauspieler Jan Fedder etwa, dessen Trauerfeier ich organisiert habe, der wusste genau, was er wollte. Der hat vor seinem Tod das Drehbuch geschrieben. Er wollte, dass die Feier eher an eine Hochzeit denn an eine klassische Beerdigung erinnert. Deshalb gab es auch so viel Musik

und Hunderte roter Rosen. Er hatte für diesen Moment ein Lied für seine Frau geschrieben und eingesungen. Das erklang, als sein Sarg aus der Kirche getragen wurde. Seine Stimme in diesem Moment zu hören, war sehr ergreifend. Hollywoodreif.

Es gab sogar ein Public Viewing – die Trauerfeier wurde auf einer Leinwand vor der Kirche übertragen.
METGENBERG: Seine Fans sollten dabei sein können. Aber in der Hamburger Hauptkirche St. Michaelis gab es nicht genügend Platz für alle. Jan Fedder war es aber wichtig, dass die Trauerfeier dort stattfindet. Im Michel wurde er getauft, konfirmiert, in dieser Kirche hat er seine Frau geheiratet. Die Veranstaltung wurde live im Fernsehen übertragen. Es schauten rund 1,5 Millionen Menschen zu.

Jan Feddersens Witwe hat zu Ihnen gesagt: »Ich will die schönste Beerdigung, die Hamburg je gesehen hat.«
METGENBERG: Richtig, sie hätte ihn ja auch heimlich unter die Erde bringen können. Aber die beiden hatten sich mit dem Thema lange beschäftigt. Es war ja kein plötzlicher Unfalltod, sondern es ging Fedder schon einige Jahre nicht mehr so gut. Es passte zu seinem Leben und zu der Beziehung, die die beiden hatten über eine sehr lange Zeit. Das war eine große Liebe und ich finde das toll, wie er die Verantwortung übernommen hat. Und die Leute haben mitgefeiert. Das Interesse war so groß, dass wir einen Briefkasten am Grab anbringen mussten, weil die ganze Trauerpost sonst durchweicht auf dem Grab gelegen hätte.

So viel Öffentlichkeit ist sicherlich nicht jedermanns Sache.
METGENBERG: Klar. Das muss jeder individuell entscheiden. Marion Fedder wollte die Fans teilhaben lassen, ihnen diese Bilder schenken. Aber einen Moment, die Beisetzung auf dem Friedhof, den hatte sie

sich für sich allein gewünscht. Die Hetze, die trotzdem losging, war beispiellos, ich fand das pietätlos. Jan Fedder war ein Volksschauspieler, ohne Frage. Aber das ging zu weit. Manche Reporter haben sich auf dem Friedhof als Gärtner verkleidet, um näher heranzukommen.

Gibt es heute mehr Menschen wie Jan Fedder, die eine klare Vorstellung davon haben, wie ihre Beerdigung ablaufen soll?
METGENBERG: Ja, ich glaube schon. Die Leute wollen mehr »celebration of life«, einen individuellen Ablauf, mehr Freiheit. Vielleicht ist da auch das Bedürfnis: Ich möchte mich hier noch einmal zeigen. Ich will als der Mensch, der ich war, Abschied nehmen von der Welt. Und auch die Hinterbliebenen haben oft ein starkes Bedürfnis, dass der Verstorbene bei der Bestattung in seiner Individualität erkennbar ist.

Erinnern wir uns heute anders an Tote?
METGENBERG: Wenn wir über Friedhöfe gehen und die Grabsteine lesen, dann finden wir doch die am interessantesten, auf denen mehr als nur Name und Datum steht. Vielleicht noch ein kleiner Spruch, eine besondere Inschrift. Ein bisschen Storytelling eben. Hinter jedem Menschen steht eine Geschichte! Wir wollen nicht nur die Fakten über unsere Verstorbenen festhalten, sondern auch die Emotionen, die wir mit ihm verbinden. Wir möchten uns daran erinnern, was er oder sie für unser Leben bedeutet hat. Ich habe schon den Eindruck, dass sich die Bestattungskultur verändert. Die alten Bilder, die wir von Beerdigungen immer noch im Kopf haben – alle sind in Schwarz ums Grab versammelt, ein dunkler Sarg wird langsam in die Erde herabgelassen – die empfinden immer mehr Menschen für sich nicht mehr als stimmig. Da bricht etwas auf.

ACHTSAM (VER-)ERBEN

Ein prominentes Beispiel dafür war die Beerdigung der 16-jährigen Grace Mertens, die an einem Hirntumor starb. Viele kannten sie durch ihre Auftritte bei der TV-Show »The Voice Kids«.
METGENBERG: Grace liebte es laut und bunt. Und auch ihr war es sehr wichtig, ihren Abschied mitzugestalten. Sie hat eine eigene Playlist für die Trauerfeier erstellt. Es gab eine Live-Schalte im Internet – für ihre Verwandten in Australien und für ihre Fans. Keiner sollte Schwarz tragen. Wir haben versucht, ihr diese letzten Wünsche zu erfüllen.

Mit einem 16-jährigen Mädchen ihre eigene Beerdigung durchzusprechen, das ist sicherlich nicht einfach.
METGENBERG: Das kann vielleicht auch nicht jeder. Aber wir haben zusammen gelacht und geweint. Ich musste auch gucken: Wann hat sie überhaupt die Kraft zu sprechen? Es ging ihr den einen Tag so und den anderen so. Einmal hat sie mich an einem Sonntagmorgen angerufen. Ich saß noch im Bett im Pyjama und sie hat mich gefragt: »Hast du Zeit?« Natürlich habe ich dann Zeit. Ich weiß ja, worum es geht. Und dann haben wir im Schlafanzug einen Videocall gemacht und alles besprochen: Okay ein pinker Sarg? Ja, das wäre cool. Und soll er mit Glitzer sein oder ohne?

Wie fühlen sich solche Gespräche an?
METGENBERG: Ein Stück weit natürlich absurd. Ich bin Mutter von vier Kindern, aber es gelingt mir in solchen Momenten, sachlich zu bleiben. Denn ich weiß: Ich kann jetzt nicht zusammenbrechen und heulen, auch wenn mir danach zumute ist. Das bringt dem Mädchen nichts. Jammern gehört da nicht hin. Da gehört Stärke hin und die bringe ich dann auf, woher auch immer sie kommt. Vielleicht wieder aus der eigenen Erfahrung. Es ist so wichtig, in so einer Situation

ACHTSAM (VER-)ERBEN

Menschen um sich herum zu haben, die stark sind und einem Halt geben.

Wie sind Sie mit Grace umgegangen?
METGENBERG: Es ist wahnsinnig traurig, wenn ein 16-jähriges Mädchen aus dem Leben gehen muss. Aber soll ich ihr jetzt auch noch Kummer bereiten? Natürlich bin ich kein Clown und mache blöde Witze. Ich habe immer wieder versucht, sie aufzuheitern und zum Lachen zu bringen. Ich weiß, Kummer geht nicht vorbei. Ich würde nie zu Angehörigen sagen: »Das wird schon besser, das geht vorbei.« Ja, es wird anders mit der Zeit. Aber es vergeht kein Tag, an dem man diese Person nicht vermisst, nicht an sie denkt.

Wie wichtig ist eine gelungene Trauerfeier für das weitere Leben der Hinterbliebenen?
METGENBERG: Superwichtig, davon bin ich total überzeugt – und zwar nicht, weil es mein Beruf ist, sondern aus vollem Herzen. Man soll diesen Abschied zelebrieren. Damit meine ich nicht, dass man den Schmerz und das Leid wieder und wieder durchlebt, sondern dass man diesen Menschen und das Leben mit ihm noch einmal ganz in den Mittelpunkt stellt.

Haben Trauerfeiern eine bestimmte Dramaturgie?
METGENBERG: Auf einer Trauerfeier kommen unterschiedlichste Menschen zusammen. Da entsteht oft eine besondere Energie. Erst ist da der große Schmerz, der durch den ganzen Körper geht, von einer Zelle in die andere. Und dann beobachte ich immer wieder, wie sich mit einmal etwas verändert. Man trinkt was zusammen, man isst, man liegt sich in den Armen, alle werden lockerer und fangen an Geschichten zu erzählen. Da entwickelt sich oft mit einmal eine ganz spezielle, sehr positive Energie. Die Menschen gehen vielleicht mit

verschmierter Mascara nach Hause, aber mit vollem Herzen. Deshalb halte ich es auch für wahnsinnig wichtig, nicht nur Teil eins zu machen, also die Bestattung, sondern unbedingt auch Teil zwei, das Beisammensein hinterher. Dazu muss ich die Leute manchmal richtig überreden. Die denken, das ist makaber. Aber nein, das gehört dazu.

Sie meinen den sogenannten Leichenschmaus?
METGENBERG: Ja, ein gruseliger Ausdruck. Aber es tut gut, nach der Bestattung noch zusammenzusitzen. Gerade die jüngere Generation, für die diese alte Sitte nicht so selbstverständlich ist, hat da manchmal Hemmungen: Darf ich das Glas heben, darf ich lachen, darf ich feiern? Ja, du darfst! Das hätte die verstorbene Person sicherlich gefreut. Einfach, dass man sich ihrer erinnert, sich Zeit nimmt. Eine Beerdigung ist ja nichts, was man mal eben schnell in der Kaffeepause machen sollte. So nach dem Motto: Husch, husch unter die Erde und dann weiter zur Tagesordnung. Mit diesem Ritual wird der Mensch, der gestorben ist, noch einmal gewürdigt. Und gemeinsam mit anderen um einen Menschen zu trauern, das ist einfach auch sehr tröstlich.

Was wünschen sich Menschen für ihre Trauerfeiern?
METGENBERG: Da gibt es, wie bei jeder anderen Feier auch, eine riesige Bandbreite. Der eine will eine Blaskapelle, weil er sein Leben lang im Orchester gespielt hat. Der andere war vielleicht Reiter und alle sollen auf dem Pferd kommen. Der nächste ist zur See gefahren und alle müssen raus aufs Boot. Und die klassische Erdbestattung auf dem Friedhof mit schwerem Grabstein, die wird zunehmend abgelöst durch alternative Formen. Viele sagen sich: So ein klassisches Grab, ganz ehrlich, das gibt doch nur Streit unter den Hinterbliebenen. Wer übernimmt die Pflege? Wer gießt die Blumen?

Wie dann?

ACHTSAM (VER-)ERBEN

METGENBERG: Es gibt so viele neue Möglichkeiten: Bei einer Weltraumbestattung wird ein Teil der Asche in den Weltraum geflogen. Und das ist jetzt nicht nur was für Leute wie Elon Musk. So etwas ist schon für einige Tausend Euro zu haben. Oder Bestattungen im Wald, in einem Ruheforst. Dort kann man die Urne mit Asche anonym oder nur mit einer kleinen Plakette an einem Baum beerdigen lassen. Ich persönlich finde Diamantbestattungen gut. Da wird die Asche in ein Schmuckstück verwandelt. Den gepressten Stein kann man einfassen und, wenn man möchte, sogar weitervererben. Ich finde das ganz charmant, gerade heute, wo Familien immer häufiger über die ganze Welt verstreut wohnen. Die klassische Grabpflege oder der sonntägliche Gang zum Friedhof ist für viele gar nicht mehr möglich. Das sind alles so Gedanken, die auftauchen können.

Darauf muss man in dem Moment erst mal kommen.
METGENBERG: Genau. Das ist das Problem. Nach dem Tod des geliebten Menschen haben die Leute kaum 14 Tage Zeit, das alles zu entscheiden. Deswegen plädiere ich immer dafür, sich vorher schon mal Gedanken zu machen, sich inspirieren zu lassen und das mit dem Partner, der Familie oder Freunden frühzeitig zu besprechen.

Die Realität sieht anders aus. Viele wollen sich mit dem Thema nicht beschäftigen und hinterlassen noch nicht mal ein Testament.
METGENBERG: Ich finde, wenn man seine Angehörigen liebt, und dann nichts regelt, ist das fahrlässig. Das ist schon ein starkes Stück am Ende eines Lebens.

Das tun aber viele!
METGENBERG: Ja, das ist auch meine Erfahrung. Ich denke, hier muss man mehr Bewusstsein schaffen, den Leute klarmachen: Ja, das ist hart. Es tut vielleicht weh und ist unangenehm, sich mit der eigenen

Sterblichkeit zu befassen. Aber wenn du deine Familie liebst, dann solltest du dich dringend damit auseinandersetzen. Nur, weil man sein Testament macht, heißt das ja nicht, dass man am nächsten Tag tot ist. Und es ist nichts in Stein gemeißelt. Wenn das einmal verfasste Testament nicht mehr passt, dann guckt man sich das eben noch mal an und ändert es. Meiner Meinung nach sollte man die Menschen per Gesetz verpflichten, ihr Erbe zu regeln – oder Erbschaften abzuschaffen. Dann gäbe es viel weniger Streit auf der Welt.

Wie ist es bei Ihnen, haben Sie sich Gedanken gemacht?
METGENBERG: Ja. Nach dem Tod meines Mannes war mir das einmal mehr ein Anliegen. Und auch, weil ich so viel erlebe und sehe. Mit dem ganzen Wissen, das ich habe, darf ich das nicht ungeregelt lassen. Für meine vier Kinder wollte ich Sicherheit schaffen. Ich könnte sonst nicht gut schlafen, ich empfinde das als meine Pflicht und als ein Akt der Liebe. Ich möchte nicht, dass das Familiengericht später entscheidet, wer sich um meine Kinder kümmert, wer ihr Erbe verwaltet. Ich weiß, wie viel Schmerz da ist, wenn eine geliebte Person stirbt. Da muss ich dann nicht noch eine Schippe drauflegen.

Haben Sie Ihr Vermächtnis geregelt?
METGENBERG: Von der Patientenverfügung bis zum Testament habe ich festgehalten, was ich mir wünsche. Das fängt mit der Frage an, will ich eine Erbengemeinschaft oder nicht? Eine Erbengemeinschaft ist so ziemlich das Streitanfälligste, das man konstruieren kann. Und wenn ich sehe, wie das bei zwei Kindern schon oft nicht klappt, wie soll das denn bei mir mit vier Kindern funktionieren? Und dann mit der Altersspanne. Eine 19-Jährige, die im Ausland studiert, hat ein völlig anderes Leben, andere Bedürfnisse, Ideen und Kräfte als ein achtjähriges Mädchen in der zweiten Klasse, das sich vielleicht noch nicht so durchsetzen kann.

ACHTSAM (VER-)ERBEN

Was wünschen Sie sich konkret?
METGENBERG: Ich möchte zum Beispiel kein klassisches Grab auf einem Friedhof. Meine Kinder wachsen international auf. Ich will niemandem die Grabpflege aufbürden, da kommt ja doch keiner vorbei. Ich will verbrannt werden. Und aus meiner Asche sollen vier Diamanten gepresst werden. Es gibt eine Firma in der Schweiz, die so etwas macht. Ein Diamant für jedes meiner Kinder, dann bin ich immer bei ihnen. Wenn dann noch ein bisschen Asche übrig ist, sollen sie die ins Meer streuen. Immer wenn sie dann irgendwo am Wasser stehen, wissen sie: Da schwimmt Mutti!

Zur Not bleibt einem die Möglichkeit, das Erbe auszuschlagen.
METGENBERG: Ja, das denkt man so. Natürlich kann ich mein eigenes Erbe ausschlagen. Für meine minderjährigen Kinder zum Beispiel dürfte ich das Erbe nicht einfach so ablehnen. Das muss dann erst durch ein Familiengericht genehmigt werden. Und die Familienrichter können die Erbausschlagung versagen und dann muss ich mich als gesetzliche Vertreterin meiner Kinder doch wieder darum kümmern, ob ich will oder nicht.

Viele unterschwellige Konflikte brechen nach dem Tod eines Menschen erst so richtig auf. Wie gehen Sie damit als Organisatorin um?
METGENBERG: Das kommt tatsächlich häufiger vor als man denken möchte. Da ist ein Mensch weg, der vielleicht eine starke Persönlichkeit war. Das kann bewirken, dass ein ganzes Familiensystem durcheinandergerät. Oft werden enorme Kräfte freigesetzt. Da ist manchmal ordentlich Dampf im Kessel. Von uns als Organisatoren ist daher viel Feingefühl und Diplomatie gefragt. Oft haben unterschiedliche Befindlichkeiten gute Gründe. Da gibt es Ängste und Verletzungen. Da muss man dann zuhören, zuhören, zuhören, um die

Spannung rauszunehmen. Das ist wichtiger als zu reden. Ansonsten ist es ein bisschen wie bei Hochzeiten. A soll nicht neben B sitzen. Was ist mit den Ex-Partnern? Was will die Mutter des Toten, was die Ehefrau? Wem soll ich gerecht werden, dem Verstorbenen oder den Anwesenden? Soll es eine kirchliche Zeremonie sein oder eine weltliche?

Trauerfeier und Hochzeiten haben viel gemeinsam?
METGENBERG: Ja, es gibt viele Parallelen. Es sind eben beides Übergangsrituale, die tiefgreifende Veränderungen im Leben markieren. Ganz konkret heißt das: In beiden Fällen müssen Einladungen geschrieben und Entscheidungen über Essen und Getränke getroffen werden, das ganze Gästemanagement halt. Welche Location passt? Und soll noch einer da sein, der Musik macht? Wenn Sie nur auf die Dienstleistungen gucken, dann können Sie auf den ersten Blick gar nicht sagen, ob da einer gestorben ist oder ob geheiratet wird.

Was ist schwieriger zu organisieren, eine Hochzeit oder Trauerfeier?
METGENBERG: Also aus rein beruflicher Sicht betrachtet, finde ich die Trauerfeier einfacher. Der große Unterschied ist der Zeitfaktor. Das eine Event muss in 15 Tagen stehen, für das andere habe ich zwölf Monate oder länger Zeit. Bei so viel Zeit drehen die Beteiligten oft noch mal eine Runde, wollen noch mal etwas diskutieren, Planungen werden umgeworfen, Entscheidungen vertagt. Bei einer Trauerfeier möchten die Leute es hinter sich bringen und sind total dankbar, wenn ihnen jemand sagt, was zu tun ist, an was sie denken müssen. Die sind in so einem emotionalen Ausnahmezustand, dass sie froh sind, wenn ihnen jemand, der Erfahrung hat, manche Entscheidungen abnimmt. Für mich als Organisatorin ist es leichter, wenn alles Zack auf Zack geht.

ACHTSAM (VER-)ERBEN

Wenn der oder die Verstorbene nichts zur Bestattung hinterlassen hat, wer bestimmt dann eigentlich, wie es läuft?
METGENBERG: Im Rahmen des Bestattungsgesetzes gibt es ja die Bestattungspflicht, die vorgibt, wer zuständig ist, wer die Pflicht hat, den Toten zu bestatten. Die Reihenfolge ist: Ehe- oder Lebenspartner, volljährige Kinder, Eltern, Geschwister, Großeltern und dann Enkelkinder. Trifft die Bestattungspflicht auf mehrere Personen zu, beispielsweise auf mehrere Kinder, wird üblicherweise die älteste Person in die Pflicht genommen.

Das betrifft aber wahrscheinlich nicht den Ablauf der Feierlichkeiten?
METGENBERG: Nein, da gibt es keine derartigen Vorgaben. Wobei im Rahmen der Totenfürsorgepflicht normalerweise der Ehegatte oder die Kinder darüber entscheiden. Außer, der Erblasser hat dies in seiner Bestattungsverfügung einer bestimmten Person zugewiesen. Da ist von uns das Fingerspitzengefühl verlangt, den Raum zu schaffen, dass die unterschiedlichen Wünsche, Bedürfnisse und Ideen geäußert werden können, aber gleichzeitig zu erkennen, wer am Ende der Entscheider oder die Entscheiderin ist.

Sie organisieren auch Feiern im Ausland. Was für kulturelle Unterschiede beobachten Sie?
METGENBERG: Da gibt es tatsächlich zum Teil ganz andere Traditionen, die wir bei der Planung berücksichtigen. In Australien und auch in den USA ist es normal, dass die Urne mit der Asche zu Hause auf dem Kaminsims steht. Bei uns ist so etwas streng verboten. In Südamerika, aber auch in Italien, Portugal und Spanien, gehört die Totenwache häufig noch fest zum Trauerritual dazu, der oder die Tote werden aufgebahrt und die ganze Zeit ist jemand bei ihnen.

ACHTSAM (VER-)ERBEN

Übernehmen Sie mit Fine Funerals auch Aufgaben, die traditionell von Bestattungsinstituten gemacht werden?
METGENBERG: Nein. Wir holen die Toten nicht ab, waschen sie nicht, transportieren sie nicht zum Friedhof. Das sind für mich die klassischen Aufgaben eines Bestatters, die Organisation der Trauerfeier hingegen nicht. Ein Standesbeamter wählt ja auch nicht den Tischschmuck aus oder richtet die Hochzeitsfeier aus. Aber die Bestatter, vor allem die alteingesessenen, sind da zum Teil echt auf Zinne.

Warum?
METGENBERG: Weil sie es gewohnt sind, einen Milliardenmarkt für sich allein zu haben. Sie haben Kunden, die im Ausnahmezustand sind und rein gar nichts hinterfragen. Das sind zum Teil nahezu mafiöse Strukturen, die sich da etabliert haben. Allein, wenn Sie sich die Angebote mal angucken. Da steht dann: Einmal Blumen – Zack Doppelstrich. Natürlich fragen trauernde Hinterbliebene in dem Moment nicht: *Entschuldigung, welche Qualität haben die Rosen? Welche Sorte, wie viele? Mit wie viel Mitarbeitern kommen Sie? Wann kommen Sie? Ich kann mir das gar nicht vorstellen. Wie wird das alles aussehen, haben Sie Bilder?* All das gibt's ja gar nicht. Da gibt es nur Paket A, B oder C! Und die Leute setzen ihren Namen unter Verträge, die sie normalerweise niemals unterschreiben würden.

Vielleicht ist es auch eine Frage der Pietät. Bei einer Beerdigung haben die Hinterbliebenen womöglich Skrupel, auf den Preis zu gucken?
METGENBERG: Ja. Und das wird ausgenutzt. Mit manchen Bestattern ist das eine krasse Nummer, die sind es gewohnt, ohne Diskussion und ohne Nachfrage richtig Kohle zu scheffeln. Das hat schon das Gesetz geregelt. Denn Sie brauchen ja einen Bestatter, ohne ihn dürfen Sie

niemand unter die Erde bringen. Dass manche Anbieter dieses Monopol ausnutzen, darf im Grunde nicht verwundern.

Dennoch müssen Sie mit den Bestattern zusammenarbeiten
METGENBERG: Ja, und das mache ich auch gerne. Es gibt viele, die ihren Job richtig gut machen. Aber wie in meinem Job als Hochzeitsplanerin haben wir es immer wieder auch mit Alteingesessenen zu tun, die nicht mit der Zeit gehen, sondern am Gewohnten um jeden Preis festhalten wollen. Klar, wir mischen deren Business jetzt ein bisschen auf. Aber ich finde es vermessen, nicht darauf zu hören, was die Kunden möchten. Es fängt bei der Ansprache an und wie die Angebote gestaltet sind. In einer globalisierten Welt geht es auch um Fragen wie: Können wir die Trauerfeier per Stream übertragen? Soll es Filmaufnahmen geben? Wie wird das digitalisiert? Da müssen Anbieter einfach umdenken, flexibel sein und bereit sein, sich tatsächlich auf die Bedürfnisse der Menschen einzustellen.

Sie haben als Hochzeitsplanerin angefangen. Wie kam es dazu, dass Sie seit einigen Jahren auch Trauerfeiern organisieren?
METGENBERG: Ich bin Unternehmerin. Ich habe gesehen, was der Markt braucht, darauf reagiert und meine Marke erweitert. Von Fine Weddings & Parties zu Fine Funerals – exklusive Trauerfeiern. Mein Ding sind die beiden großen Lebensthemen: die Liebe und der Tod.

Nadine Metgenberg (Jg. 1975) hat International Management studiert und anschließend einige Jahre für eine weltweit operierende Stiftung in Spanien und Südamerika Events organisiert. Heute entwirft und plant die Event-Designerin mit ihrem eigenen Unternehmen Fine Weddings und Fine Funerals in Hamburg Veranstaltungen für Highend-Kunden weltweit, fine-weddings.de

ACHTSAM (VER-)ERBEN

ACHTSAM (VER-)ERBEN

»Man muss die Menschen akzeptieren – mit ihrer Gier, mit ihrer Weinerlichkeit«

Der Retter der Enterbten, Rechtsanwalt **Gerhard Ruby**, bearbeitet in seiner Kanzlei mehr als 1500 Fälle jährlich. Er erstellt kluge Testamente, sichert den Familienfrieden und weiß, wie man Pflichtteile auf null setzt.

ACHTSAM (VER-)ERBEN

Herr Ruby, das Testament ist gemacht, der Besitz verteilt, die Tochter soll das Ferienhaus in Südfrankreich bekommen, der Sohn den Porsche. Alles paletti, oder?
RUBY: Nein, solche sogenannten »Verteilungstestamente« sind die schlimmsten. Sie bereiten riesengroße Probleme in der Abwicklung. Aber das wissen die meisten Leute nicht. Sie verteilen dabei ihr Hab und Gut, Stück für Stück, aber es fehlt das Wichtigste, die Erbquoten. Sie müssen explizit schreiben: Meine Kinder sollen zu gleichen Teilen erben. Oder: Die eine soll ein Viertel und der andere drei Viertel bekommen. Aber das fehlt in ganz vielen Laientestamenten. Das ist der Kardinalfehler.

Und dann muss das Gericht die Erbquoten ermitteln?
RUBY: Genau, und das ist langwierig. Das Nachlassgericht betrachtet die Erbmasse immer als Ganzes – mit allem, was dazugehört, Vermögen genauso wie Schulden. Die gesamte Erbschaft steckt sozusagen in einem Sack. Und wie viel jeder aus dem Sack bekommt, muss der Erblasser festlegen. Wenn er das nicht tut, muss das Gericht die Anteile auf Grundlage der Verteilung der einzelnen Güter ermitteln. Konkret heißt das, wie viel ist das Ferienhaus in Frankreich im Verhältnis zum luftgekühlten 911er wert? Dafür braucht es Gutachten, das dauert und kostet viel Geld.

… also immer im Testament schreiben, wer zu welchen Anteilen erben soll?
RUBY: Das ist der erste Schritt. Und wenn Sie dann im zweiten Schritt noch festlegen, wer was bekommen soll, ersparen Sie Ihren Nachkommen viel Ärger. Was glauben Sie, zu was für Streitigkeiten es da sonst kommt. Vor allem, wenn dann auch noch die Partner der Erben anfangen mitzureden: »Ich hätte aber gerne die

ACHTSAM (VER-)ERBEN

Ferienwohnung« oder »So einen Porsche hab' ich mir schon immer gewünscht«.

Mal angenommen, ein Ehepaar kommt zu Ihnen in die Kanzlei und sagt: »Unsere Tochter soll alles bekommen, unser Sohn nichts.« Helfen Sie dem Paar? Oder empfinden Sie so ein Anliegen als unmoralisch?
RUBY: Natürlich helfe ich, das ist mein Job. Ich versuche aber auch die Konsequenzen aufzuzeigen. Ich bin da fast seelsorgerisch unterwegs. Ein bedeutender Anteil meiner Klienten, ich würde mal so schätzen, um die 20 Prozent, die wollen über ihr Erbe ganz frei verfügen. Das geht aber nicht so ohne Weiteres. Schließlich gibt es den Pflichtteil. Nehmen wir mal den Fall, die Tochter kümmert sich ganz rührend um die pflegebedürftigen Eltern, reduziert dafür vielleicht sogar ihren Job. Der Sohn hingegen lässt sich nicht blicken. Warum auch immer. Wenn dann die Eltern sagen, wir wollen, dass unsere Tochter Alleinerbin wird, dann entwickle ich zusammen mit dem Paar Strategien, wie wir das hinkriegen, wie wir den Pflichtteil für den Sohn auf null drücken.

Das geht?
RUBY: Klar, eine Möglichkeit ist das Vermögen schon zu Lebzeiten auf die Tochter zu übertragen. Es gibt aber noch viel intelligentere Strategien. Man rechnet zum Beispiel die Pflegeleistungen der Tochter auf das Erbe an. Das kann man durchaus großzügig machen und dann verringert sich der Pflichtteil für den Sohn jedes Jahr um zehn Prozent. Solche Manöver vorzubereiten, ist ein Teil meiner Arbeit.

Kommt es denn häufig vor, dass Eltern ihre Kinder enterben wollen?
RUBY: Ja, das ist schon ein recht großer Teil meiner Arbeit. Wobei, zu mir kommen natürlich die Problemfälle. Wenn alles harmonisch und glücklich abläuft, werde ich ja gar nicht erst eingeschaltet. Manchmal

entscheiden sich Eltern aber auch aus anderen Gründen dafür, ein Kind zu enterben. Etwa, wenn es alkoholabhängig, drogensüchtig oder kriminell ist und die Eltern befürchten, ein plötzlicher Geldsegen im Erbfall würde diese Aktivitäten womöglich noch weiter fördern.

Kommen umgekehrt auch Kinder zu Ihnen und sagen: »Hilfe, meine Eltern wollen mich leer ausgehen lassen. Was kann ich tun?«
RUBY: Ja, aber da kann ich nicht helfen. Die Kinder müssen warten, bis die Eltern tot sind. Vorher haben sie keine Rechte. Solange sie leben, können Mutter oder Vater mit ihrem Geld, ihren Häusern, ihrem Schmuck tun, was immer sie wollen. Sie können es verschenken, der Wohlfahrt spenden, einem anderen Geschwister überschreiben. Dagegen kann kein Anwalt der Welt etwas tun. Die Pflichtteilsansprüche der Kinder greifen erst mit dem Tod der Eltern.

Das heißt, selbst wenn ich mitbekomme, dass meine Eltern meiner Schwester die millionenschwere Ferienimmobilie auf Mallorca schenken, muss ich tatenlos zusehen?
RUBY: Ja. Liegt die Schenkung allerding weniger als zehn Jahre zurück, dann können Sie im Erbfall einen Teil zurückfordern. Sie sind innerhalb eines gewissen Rahmens über den Pflichtteil geschützt. Ob und wie weit Sie den dann durchsetzen können, ist noch mal eine andere Sache. Nirgendwo wird so viel gelogen wie im Erbrecht. Stellen Sie sich einmal vor, Ihre Schwester ist also inzwischen Besitzerin der tollen Villa. In dem Fall kommen Sie ja gar nicht mehr ins Haus rein, wenn Ihre Schwester es nicht gestattet. In der Sekunde, in der Ihre Eltern sterben, macht es batsch, und die Tür ist für Sie zu. Sie bekommen kaum noch Informationen. Was für Wertgegenstände sind noch in der Villa? Gibt es weiteres Vermögen? Ihre Schwester muss Ihnen keine Belege vorlegen, sie muss nur wahrheitsgemäß Auskunft

erteilen, was alles da ist – aber da fällt schon mal das eine oder andere unter den Tisch.

Kann ich mich dagegen gar nicht wehren?
RUBY: Sie könnten einen Notar einschalten, der ein notarielles Nachlassverzeichnis erstellt. Aber der kann auch nur die Dinge auflisten, von denen er erfährt. Wenn es irgendwo noch ein geheimes Konto mit ein paar Milliönchen gibt, Pech! Da müssten Sie schon die Staatsanwaltschaft einschalten, um Ermittlungen aufzunehmen, aber dafür brauchen Sie einen Anfangsverdacht. Im Erbrecht geht es zu wie im wahren Leben: Wer nachts eine Tankstelle überfällt und nicht erwischt wird, der kann das Geld behalten. Wer beim Nachlass Dinge unterschlägt, ohne dass man es ihm oder ihr beweisen kann, kommt damit durch. Das ist auch für mich als Anwalt immer wieder hart. Daran habe ich manches Mal gelitten, das können Sie sich nicht vorstellen.

Aber immerhin gibt es bei uns einen Pflichtanteil! In anderen Ländern ist das nicht so.
RUBY: Ja, Länder mit sozialistischer Vergangenheit kennen meist keinen Pflichtteil. Und wenn Sie bei uns in Europa auf der Landkarte von unten nach oben wandern, wird das Pflichtteilsrecht gen Norden immer schwächer. Wir Deutschen liegen irgendwo in der Mitte. Bei uns ist der Pflichtteil ein reiner Geldrechtsanspruch. In Italien, Spanien oder Frankreich gelten Noterbrechte. Da haben die Kinder auch Anspruch auf das physische Erbe, also beispielsweise das Schloss. In Deutschland hingegen bekommen Sie nur den Wert der Immobilie ausbezahlt, aber Sie dürfen nicht ins Schloss rein.

Woher rühren diese Unterschiede?

ACHTSAM (VER-)ERBEN

RUBY: Das sind verschiedene kulturelle Prägungen. Wenn Sie in der Geschichte rund 1500 Jahre zurückgehen, in die Zeit vor der Christianisierung, da gab es bei uns germanische Stämme, die kannten so etwas wie einen Pflichtanteil überhaupt gar nicht. Die brauchten das auch gar nicht. Einer hat zwar den Stamm angeführt, er war der Clanchef und verfügte über alles – über das Vermögen, über Ländereien oder Vieh. Aber das alles gehörte ihm nicht, sondern dem Clan gemeinsam. Persönliches Eigentum, so wie wir es heute kennen, existierte nicht. Und wenn ein Clanchef starb, dann war vielleicht die Sippe traurig, aber erbrechtlich gab es keine Probleme und nichts zu regeln, denn das ganze Hab und Gut gehörte ja dem Clan. Dann kam das Christentum, die Christianisierung. Die Christen leisteten Sozialarbeit, was gut und wichtig war. Wie die Menschen in den damaligen Gesellschaften mit Schwachen und Kranken umgingen, aus heutiger Sicht muss man sagen: furchtbar. Die Christen nun kümmerten sich um die Armen, die Waisen und die Kranken. Für diese Arbeit benötigten sie Geld. Also haben sie den sogenannten Freiteil erfunden. Plötzlich war es möglich, dass man der Kirche etwas hinterlässt, der Institution etwas von seinem Erbe abgibt. Aus dem monolithischen Block, dem gemeinschaftlichen Vermögen des Clans, konnte man nun etwas rausbrechen.

Das muss man sich als Prozess vorstellen, der sich über Jahrhunderte hinzog. Aber der Freiteil der Kirche war im Prinzip der Anfang der Testierfreiheit, wie wir sie heute kennen. Man konnte ab da über einen Teil des Erbes frei verfügen, ein anderer Teil musste aber in der Hand des Clans verbleiben. Der Pflichtanteil ist sozusagen das Notwehrrecht der Familie gegen die völlige Testierfreiheit eines Erblassers. Dahinter steckt dieser uralte Clangedanke: Ein Teil muss uns gehören, der darf nicht in fremde Hände gelangen. Ob das heute immer noch so richtig ist? Ich hab' da manchmal meine Bedenken.

ACHTSAM (VER-)ERBEN

Um den Pflichtteil zu umgehen, könnte ich in ein anderes Land ziehen.
RUBY: Ja, in die Ukraine oder nach Florida, die haben keinen Pflichtteil, aber dann muss man da auch dauerhaft leben. Das Land muss dann der neue Lebensmittelpunkt sein.

Manche siedeln in die Schweiz über, um Erbschaftssteuer zu sparen.
RUBY: Ja, weil es dort im Prinzip keine Erbschaftssteuer gibt. Aber Sie müssen dann tatsächlich Ihr ganzes Vermögen in die Schweiz transferieren und dort mindestens für fünf Jahre gelebt haben, bevor Sie steuerfrei vererben können. So einfach ist es nicht, unsere deutsche Rechtsordnung außer Kraft zu setzen.

Bei welchen Anfragen ist bei Ihnen eine Grenze erreicht? Wo machen Sie nicht mit?
RUBY: Ich mache nichts Kriminelles, also wenn Schwarzgeld vererbt wird – aus der Schweiz oder Liechtenstein – da sage ich zu den Leuten, das müsst ihr anzeigen, sonst lege ich das Mandat nieder. Oder bei Mauscheleien im Steuerbereich. Solche Sachen haben Sie vor allem bei den Supergierigen, deren ganzes Leben darin besteht, Steuern zu sparen und den Staat zu betrügen. Aus meiner Erfahrung heraus kann ich bestätigen: je reicher, desto gieriger.

Gibt es für Sie noch andere No-Gos?
RUBY: Einmal hatten mich die Hohenzollern eingeladen. Sie wissen schon, deutscher Hochadel. Ich sollte meine Mandantin mit Eure Durchlaucht, Eure Hoheit, Prinzessin von und zu ansprechen. Das ging mir doch sehr gegen den Strich. Und dann sollte ich die ganze Sache auch noch umsonst machen, weil es ja so ein prominenter Fall war. Da war für mich endgültig die Grenze erreicht.

ACHTSAM (VER-)ERBEN

Wann brauche ich überhaupt ein Testament?
RUBY: Eigentlich fast immer. Viele kinderlose Paare denken ja, bei uns ist alles klar, wenn ich sterbe, bekommt automatisch mein Partner alles. Weit gefehlt, er bekommt im besten Fall drei Viertel des Erbes. Der Rest geht an die Geschwister des verstorbenen Partners und an deren Kinder und Kindeskinder. Und schwupps, haben Sie eine Erbengemeinschaft und die ganze bucklige Verwandtschaft steht mit einem Bein bei Ihnen im Badezimmer.

Aber wenn ich geschieden bin, ist die Sache doch klar. Meine Ex-Partnerin bekommt nichts, oder?
RUBY: Nicht unbedingt. Stellen Sie sich vor, Sie fahren mit ihren beiden Kindern in den Urlaub und haben einen Autounfall. Sie sind zuerst tot, ihre Kinder erben, sterben aber einen Tag später auch. Die Kinder haben noch keine eigene Familie, also keine Ersterben. Damit würde automatisch die Mutter der Kinder, Ihre Ex, das Vermögen erben. Und nicht etwa Ihre neue Partnerin. Zugegeben, da muss schon einiges zusammenkommen, aber solche Fälle gibt es. Und um das zu verhindern, brauchen Sie ein Testament. Es gibt wirklich nur ganz wenige Konstellationen, wo man keines braucht.

Was kostet es eigentlich, ein Testament erstellen zu lassen?
RUBY: Die Notarkosten richten sich nach dem Wert des Vermögens. So kostet ein Berliner Testament für zwei Eheleute beim Notar bei einem Nachlasswert von 50.000 Euro 264 Euro Gebühren, bei 500.000 Euro sind Sie laut Tabelle mit 1.614 Euro dabei, bei zwei Millionen Euro zahlen Sie 6.114 Euro Gebühren – immer plus 19 Prozent Mehrwertsteuer. Die Kosten für ein einfaches Testament von nur einer Person, also ohne Ehegatten, halbieren sich. Was man wissen muss: Notare müssen nach diesen Gebührensätzen abrechnen. Rechtsanwälte dürfen niedrigere Preise vereinbaren. Mein Tipp: Handeln Sie beim

ACHTSAM (VER-)ERBEN

Rechtsanwalt den Preis für Ihr Testament aus! Manche Kollegen machen einen Abschlag gegenüber den Kosten für ein notarielles Testament oder arbeiten – wie wir – nach Stundensätzen.

Ist ein Berliner Testament die beste Lösung für Paare?
RUBY: Sie meinen: *Ich verspreche dir, mein Schatz, wenn du vor mir stirbst, dann machen wir alles so wie verabredet.* Das Berliner Testament ist wie ein gegenseitiger Vertrag, für beide Seiten bindend. Das ist grundsätzlich eine tolle Sache. Ich bin ein großer Fan des Berliner Testaments. Aber sein Vorteil ist gleichzeitig der Nachteil. Der oder die Überlebende kann später nichts mehr ändern. Ist beispielsweise ihr Sohn als Alleinerbe eingesetzt, wird er alles erben, ganz egal, wie er sich künftig verhält. Deswegen empfehle ich, eine Klausel mit reinzunehmen, dass spätere Änderungen möglich sind, aber nur soweit sie die leiblichen Kinder betreffen. Das heißt, es können nachträglich keine Fremden mehr ins Testament aufgenommen werden. Etwa die Haushälterin oder der Pfleger. Das schützt vor Erbschleicherei, die ja ein riesiges Thema geworden ist.

Ein anderes Problem beim Berliner Testament ist, dass man Steuerfreibeträge verschenkt!
RUBY: Ja, das kann bei großen Erbschaften durchaus ein Thema sein. Dadurch, dass Sie den Partner als Alleinerben einsetzen, gehen Ihnen Freibeträge von 400.000 Euro pro Kind durch die Lappen. Das ist aber auch lösbar, da kann man sich beraten lassen. Für irgendwas müssen wir Anwälte ja auch noch gut sein.

Was ist für Sie eine kleine, eine mittlere eine große Erbschaft und ab welchen Summen werden Sie angefragt?
RUBY: Eine kleine Erbschaft ist für mich alles bis 100.000 Euro. Die durchschnittliche Erbschaft hier im ländlichen Raum liegt zwischen

ACHTSAM (VER-)ERBEN

250.000 und 600.000 Euro. Ab einer Million Euro würde ich von einer großen Erbschaft sprechen.

Haben Sie noch einen Tipp für unverheiratete Paare?
RUBY: Ja, heiraten! Sie glauben gar nicht, wie viele Ehen ich schon gestiftet habe. Denn wenn sie, sagen wir mal zehn, 15 Jahre zusammen sind, vielleicht sogar ein gemeinsames Haus haben, fliegt ihnen das im Erbfall steuerlich um die Ohren. Unverheiratete Partner haben nur einen Freibetrag von 20.000 Euro, Verheiratete von 500.000 Euro. Deswegen rate ich zur Hochzeit – mit Ehevertrag und Gütertrennung. Und sollte es dann wirklich nicht klappen, dann geht man auseinander, als wäre nichts gewesen. Finanziell gesehen zumindest.

Ein anderes Problem ist: Wie gehe ich mit den Dingen um, die ich gar nicht erben möchte? Also mit Schulden oder vielleicht einem Haustier?
RUBY: Da gilt wieder das Prinzip, von dem ich eingangs sprach. Die ganze Erbschaft steckt in einem Sack. Entweder Sie nehmen alles oder nichts. Rosinenpicken gilt nicht. Wenn Sie das Erbe annehmen, dann haben Sie es am Hals, mit all seinen Belastungen und Pflichten. Und im Zweifel bedeutet das auch, mit dem geerbten Hund Gassi zu gehen.

Wann sollte ich ein Erbe besser ausschlagen?
RUBY: Wenn Sie wissen, der Verstorbene war ein Hallodri, er hat sich hoch verschuldet. Ab dem Bekanntwerden des Todes haben Sie sechs Wochen Zeit, um das Erbe auszuschlagen. Unternehmen Sie nichts, gilt die Erbschaft als angenommen. Was man in Zweifelsfällen immer tun sollte, ist, die Haftung auf die Nachlasssumme zu beschränken. Das ist nicht schwierig, man muss es nur tun, sonst haftet man auch mit seinem privaten Häuschen.

ACHTSAM (VER-)ERBEN

Gibt es Fälle, die Ihnen besonders in Erinnerung geblieben sind?
RUBY: Ich hatte mal einen Steuerberater als Mandanten, der hat sein ganzes Leben geackert und geschuftet. Am Ende hatte er ungefähr hundert Immobilien angehäuft. Um die hat er sich den ganzen Tag gekümmert. Selbst mit 89 Jahren hat er nichts anderes gemacht, er war von morgens bis abends damit beschäftigt. Viele Immobilien waren noch nicht abbezahlt oder mussten noch saniert werden, da gab es wirklich viel Arbeit. Dieser Mann hatte nun drei Töchter, alle waren in relativ einfachen Berufen tätig. Das soll jetzt nicht abwertend klingen, aber sie waren nach seinem Tod mit der Betreuung dieser Häuser völlig überfordert. Natürlich hätten sie einen Vermögensverwalter einsetzen können, aber dann hätte sich das ganze Konstrukt nicht mehr gerechnet, weil es nicht nur Mieteinnahmen gab, sondern auch noch Hypotheken abbezahlt werden mussten. Die Folge war, dass der Nachlass in den Konkurs ging. Wirklich tragisch.

Warum haben Sie sich auf Erbrecht spezialisiert?
RUBY: Das Erbrecht hat mich fasziniert, weil es altes römisches Recht ist. Das ist wie Schachspielen. Als junger Kerl war ich wie der sprichwörtliche Pittbull, habe immer angegriffen, wollte um jeden Preis alles herausholen. Aber mit den Jahren habe ich immer mehr das Menschliche hinter den Fällen gesehen. Und jetzt mit 60 Jahren reflektiert man schon mal, ob die eigene Tätigkeit sinnvoll war. Und ich kann sagen, ja, das war sie. Meine Arbeit war für viele Menschen eine Hilfe, aber sie hat auch ihre Grenzen. Strukturelle Familienprobleme, die seit Jahrzehnten bestehen, die kann man als Erbrechtler nicht beheben. Aber man kann verhindern, dass Menschen blind in einen Abgrund hineinlaufen.

Sie können die Probleme dysfunktionaler Familien nicht auf juristischem Wege heilen?

ACHTSAM (VER-)ERBEN

RUBY: Nein, im Gegenteil, ich muss mich vor solchen Mandanten schützen. Die saugen einen regelrecht aus. Die kommen mit der Erwartungshaltung, ich könnte für sie die Gerechtigkeit herstellen, die es seit Jahrzehnten in der Familie nicht gegeben hat. Das sind manchmal nahezu messianische Aufträge, die da an mich herangetragen werden.

Agieren Männer anders als Frauen?
RUBY: Pauschal gesagt: Männer sind grausamer und machtgieriger, die möchten, dass ich richtig durchknalle, den Gegner fertigmache. Da gibt es manchmal einen ungebremsten Machttrieb. Frauen haben andere Methoden, die heulen mir einen vor. Mich greift das richtig an. Ich hab' hier 1500 Fälle pro Jahr, 1500-mal Familiendrama. Das ist ganz schön anstrengend.

Wenn man Tag für Tag solchen Familienstreitigkeiten ausgesetzt ist, verliert man da manchmal den Glauben an das Gute im Menschen?
RUBY: Wir Menschen sind nicht nur gut, wir haben auch schlechte Anteile. In jedem von uns steckt beides. Das ist einfach menschliches Leben, das ist die menschliche Existenz. Zu mir kommen Menschen, die in einer seelischen Ausnahmesituation sind. Ich bin kein Psychoanalytiker, aber ich würden sagen, da laufen zum Teil hochneurotische Programme ab. Es ist manchmal genau wie im Kindergarten. Der fünfjährige Max will das blaue Auto haben. Aber damit spielen gerade Lisa und Ben. Also rennt Max zur Erzieherin und sagt: »Ich will das blaue Auto.« Die sagt, dass er warten muss. Max will aber nicht warten, er will das blaue Auto. Jetzt! Also rennt er los, haut und beißt so lange bis Lisa und Ben ihm heulend das Auto geben. Er nimmt es sich und läuft ganz stolz damit zur Erzieherin; »Guck mal. Ich habe das blaue Auto, ich hab's.« So geht's bei mir zu, so müssen Sie sich das vorstellen.

ACHTSAM (VER-)ERBEN

Wie verstehen Sie Ihre Rolle, sind Sie der Erzieher?
RUBY: Nein, ich betrachte mich eher als eine Art Bergführer, der die Leute an die Hand nimmt und über den glatten Gletscher bringt. Ich muss die Mandanten anleiten, ihnen zeigen, wo die gefährlichen Stellen sind und wie sie ohne auszurutschen über den Berg kommen – im Idealfall mit monetärem Gewinn.

Ist Mediation die Lösung für solche Familiendramen?
RUBY: Wissen Sie, ich habe am Samstag vier Geschwister zur Mediation dagehabt. Es lief prima. Die sind rausgegangen, alle waren glücklich, haben gesagt, ja super, so machen wir es. Am Montag klingelte dann das Telefon. Der Erste rief an: »Hmm, ich weiß nicht.« Dann der Zweite: »Wir machen es doch eher nicht.« Und so weiter. Das erlebe ich oft, und das ist auch das Problem mit der Mediation. Sind die Betroffenen zu Hause und besprechen sich mit ihrem Partner oder der Partnerin, dann haben sie wieder eine ganz andere Meinung und entscheiden sich um. Ehrlich gesagt, in den Fällen, wo Mediation funktioniert, da hätten die Leute eigentlich keine Mediation gebraucht. Da hätte es eine einfache Rechtsberatung auch getan. Also, manchmal erreicht man etwas mit Mediation, aber in diesen richtig zerstrittenen Familien, da kommen Sie nach meiner Erfahrung damit oft nicht weiter, sondern verschenken nur unnötig Zeit.

Dann lieber gleich vor Gericht?
RUBY: Ja, denn letztendlich ist der Richter auch nichts anderes als ein Supermediator. Nur qua Amt mit viel mehr Durchschlagskraft. Das geht dann meistens so los, der Richter fängt an: »Sie sehen, wir haben hier große, ungeklärte Rechtsangelegenheiten. Sie, der Kläger, müssen sich überlegen, wenn Sie gewinnen, bekommen Sie im besten Fall das und das, wenn Sie verlieren das. Sie, der Beklagte, bekommen das und das. Unter Abwägung der Umstände mache ich Ihnen einfach mal

einen Vorschlag. Sie können noch fünf Jahre weiter prozessieren mit ungewissem Ausgang – oder Sie schließen hier und heute einen Vergleich. Dann bekommen Sie schnell ihr Geld.« Wird der Konflikt auf diese Weise geklärt, können Sie sich hinterher vielleicht sogar noch weiter in die Augen schauen, ohne Groll und ohne dass einer das Gefühl hat, er sei der Verlierer. Und wenn nicht, ist wenigstens die familiäre Verkettung endgültig aufgelöst. Denn daran gehen Sie auf Dauer zugrunde.

Gericht kann besser sein als Mediation?
RUBY: Manchmal ja. Ich finde, man ist heute bei Gericht wirklich gut aufgehoben. Als ich angefangen habe, vor dreißig Jahren, da herrschte bei den meisten Richtern blanke Unkenntnis übers Erbrecht. Aber heute sind die meisten fit. Wir haben tolle junge Richterinnen. Die gehen mit großer Intelligenz, großem Fleiß und großem Einfühlungsvermögen vor.

Wird heutzutage mehr geklagt?
RUBY: Ja, aber die Fälle werden auch immer komplizierter. Früher war das Geschäft einfacher. Da kamen die Ehepaare zu mir, haben sich gegenseitig als Erben eingesetzt und den Kindern alles zu gleichen Teilen vermacht. Das hat sich völlig verändert, weil die Familienverhältnisse heutzutage viel komplizierter sind. Sie haben viel mehr Patchworkfamilien. Und man schert sich heute vielleicht auch weniger um seinen Ruf. Krach in Familien gab es schon immer. Aber früher hat man sich geschämt, den öffentlich zu machen. Da hätten sich die Kinder nicht getraut, beim Tod des Vaters gegenüber der überlebenden Mutter ihren Pflichtteil geltend zu machen. Sie hätten gewartet, bis auch sie verstirbt. Das ist heute nicht mehr so. Da geht man schneller zum Anwalt – und prozessiert im Zweifel auch gegen die eigene Mutter.

ACHTSAM (VER-)ERBEN

Wer sind Ihre liebsten Mandanten?
RUBY: Also mit Pädagogen, mit Oberstudienräten wird es meist kompliziert. Es ist wirklich kein Klischee. Die wissen alles besser, sind kaum belehrbar und haben immer Recht. Die kommen mit einem seitenlangen, eng beschriebenen Fragenkatalog und wollen den von A bis Z durcharbeiten. Ich sage dann immer, lassen Sie uns doch erst mal reden, dabei werden sich 90 Prozent der Fragen vermutlich von alleine klären. Aber diese Menschen haben oft ein großes Problem damit, von ihrem vorgefertigten Skript abzuweichen. Und wenn Sie Ingenieure als Mandanten haben, dann müssen Sie wissen: Die denken nur in Zahlen, kein Witz, die können oft nicht anders. Sowie es um emotionale Werte geht, werden sie ganz hilflos. Juristen sind natürlich auch grausam.

Aber Sie machen trotzdem weiter?
RUBY: Wissen Sie, ich lieb' mein Erbrecht immer noch. Manchmal habe ich die Leute satt, ja! Aber ich bin mit den Jahren sehr milde geworden. Man muss die Menschen akzeptieren mit ihrer Gier, ihrem Machtstreben, aber auch ihrer Weinerlichkeit und ihrem Selbstmitleid.

Gerhard Ruby (Jg. 1960) ist Fachanwalt für Erbrecht und Fachbuchautor. Mit seiner Kanzlei ist er in Konstanz und weiteren Standorten in Baden-Württemberg tätig. 1998 hat er die »Erbrechtstage« in Deutschland eingeführt, Veranstaltungen, die über Erbrecht ohne Juristendeutsch informieren. Er ist u.a. Leiter der Erbrechtsakademie im Deutschen Forum für Erbrecht und in der Fortbildung von Anwälten, Richtern und Notaren tätig, ruby-erbrecht.com

ACHTSAM (VER-)ERBEN

ACHTSAM (VER-)ERBEN

»Die Ungerechtigkeit aus Kindertagen soll ausgeglichen werden. Aber wie soll ich das machen?«

Um Immobilien wird besonders erbittert gestritten. Fachanwalt **Jan Bittler** kennt die typischen Fallen. Gefährlich ist beispielsweise, die selbst genutzte Immobilie schon zu Lebzeiten an die nachfolgende Generation zu übertragen.

ACHTSAM (VER-)ERBEN

Herr Bittler, jeder fünfte Erbfall in Deutschland landet vor Gericht, oft geht es um Immobilien. Wie lässt sich das vermeiden?
BITTLER: Ein Haus, mehrere Kinder, das wird schnell zum Problem. Ich kann mich natürlich einfach auf die gesetzliche Erbfolge verlassen. Aber gerade in Patchworkfamilien erfüllt das nicht immer die Wünsche der Beteiligten. Und bei großen Erbengemeinschaften kann das zu heftigen Streitigkeiten führen.

Was also tun?
BITTLER: Es gibt verschiedene Modelle. Welches das richtige ist, hängt von der jeweiligen Lebenssituation der Erben und Erbinnen ab. Wenn kein Kind mehr vor Ort lebt oder alle in eigenen Häusern wohnen, ist die Sache einfach. Das geerbte Haus wird verkauft, der Erlös geteilt. Wie man es testamentarisch am geschicktesten regelt, ob man das jetzt die Kinder machen lässt oder einen Testamentsvollstrecker einsetzt, ist eine Frage der Gestaltung.

Und wenn ein Kind das Elternhaus übernehmen möchte?
BITTLER: Dann muss es den weichenden Erben einen Ausgleich zahlen. Problematisch wird es, wenn die Immobilie sehr wertvoll ist und dem Kind das finanzielle Potenzial fehlt, um seine Geschwister auszuzahlen.

Den Fall wird es derzeit wahrscheinlich häufiger geben, die Immobilienpreise sind in den vergangenen 15 Jahren enorm gestiegen.
BITTLER: Ich kann als Erblasser natürlich entscheiden: Nur einer kriegt das Haus, und fertig. Ich habe das Recht zu sagen, dass eines meiner Kinder die Immobilie alleine erbt, zum Beispiel dasjenige, welches die Pflege übernommen hat. Dieses Kind muss seinen Geschwistern nur den Pflichtteil ausbezahlen. Um es mal so zu sagen:

ACHTSAM (VER-)ERBEN

Wenn es wirtschaftliche Probleme in der Familie gibt, können Sie die nicht juristisch auflösen. Da gibt es keine gerechte Lösung, bei der alle Kinder an der Immobilie gleichermaßen partizipieren. Was wollen Sie mit mehreren Parteien in einem Einfamilienhaus?

Aber was bedeutet es für Kinder, wenn sie nach dem Tod der Eltern erkennen: »Oh, ich dachte, unser Verhältnis sei gut und jetzt erfahre ich, dass ich leer ausgehe und meine Geschwister das Haus bekommen.« Was für ein emotionales Erbe hinterlasse ich dann?
BITTLER: Das klingt jetzt blöd, aber das ist nicht mein Zuständigkeitsbereich. Ich arbeite gelegentlich mit Fundraisern (Spendensammlern) von Stiftungen oder mit der Kirche zusammen, auch dorthin geht ja manches Erbe. Einer berichtete auf einer juristischen Tagung, dass seine Kirche ein Erbe nicht annehmen würde, wenn die Erblasser damit vor allem bezwecken, die eigenen Kinder zu enterben. Da haben Sie hundert Anwälte mal laut lachen hören.

Der Fundraiser sieht die Verantwortung. Ich als Anwalt, und da dürfen Sie mich gerne auch kritisieren, ich bin der Befehlsempfänger des Mandanten. Wenn der Mandant sagt: »Herr Bittler, das eine Kind kriegt die Immobilie, die anderen gucken in die Röhre. Ich will das so, weil …«, dann mache ich das so. Die Gründe muss er mir ja gar nicht erläutern. Dann kriegt er von mir eine Gestaltungsempfehlungen für so ein Testament.

Und was, wenn die Eltern ins Testament schreiben: Unsere Kinder erben zu gleichen Teilen, es aber den Kindern überlassen, was sie mit dem Haus machen?
BITTLER: Das Gesetz besagt, dass eine Erbauseinandersetzung gescheitert ist, wenn die Erben sich nicht einigen können, ob die Immobilie selbst genutzt, vermietet oder veräußert werden soll. Dann

muss eine sogenannte Teilungsversteigerung erfolgen. Der Erlös wird aufgeteilt.

Eine Versteigerung bringt vermutlich weniger als der Verkauf auf dem freien Markt?
BITTLER: Wahrscheinlich, aber im Moment sind auch bei Versteigerungen wahnsinnige Preise möglich. Ich hatte neulich eine Immobilie, die war mit 280.000 angesetzt und ist für 360.000 Euro versteigert worden.

Wie ist das eigentlich: Nichten, Neffen, weit entfernte Verwandte – werden sie darüber informiert, dass sie geerbt und Teil einer Erbengemeinschaft sind?
BITTLER: Wenn es ein Testament gibt, in dem Erben und Erbinnen mit Adressen aufgeführt sind und das Dokument Nachlassgericht hinterlegt ist, dann informiert das Nachlassgericht nach dem Tod des Erblassers alle Erben.

Das ist aber oft nicht so. Was ist zum Beispiel, wenn der Verstorbene gar kein Testament gemacht hat und die gesetzliche Erbfolge greift? Muss die Witwe die anderen Erben informieren? Wie erfahren insbesondere Erben und Erbinnen, die keinen Kontakt zum Verstorbenen hatten, dass sie Ansprüche haben?
BITTLER: Im Zweifel gar nicht. Es gibt keine Instanz, die mögliche Erben in dem Fall automatisch informiert. Aber: Solange die Erben nicht wissen, dass der Erblasser verstorben ist, bleiben ihre Ansprüche bestehen. Ich hatte mal einen Fall, da war meine Mandantin ein uneheliches Kind. Ihr Vater hatte Unterhalt gezahlt, weiteren Kontakt hatte es aber nie gegeben. Sie kam zu mir, als ihr Vater schon weit über hundert Jahre alt hätte sein müssen. Wir recherchierten das. Tatsächlich war ihr Vater wie zu erwarten bereits vor Jahren

ACHTSAM (VER-)ERBEN

verstorben, die Familie hatte die uneheliche Tochter darüber aber nicht informiert. Da ihre Erbansprüche weiterhin bestanden, musste die Familie ihr noch Jahre später den Pflichtteil auszahlen. Gleiches gilt auch für Erben und Erbinnen zweiter und dritter Ordnung: Wenn es kein Testament gibt und stattdessen die gesetzliche Erbfolge greift, können sie noch Jahrzehnte später ihre Ansprüche geltend machen. Anders sieht es aus, wenn Erben oder Erbinnen vom Tod des Erblassers Kenntnis haben und nichts tun. Dann verjährt ihr Anspruch nach drei Jahren.

Wie ist Ihre Einschätzung: Fallen viele Erbschaften »unter den Tisch«, weil die Erben überhaupt nichts davon wissen?
BITTLER: Eher im Gegenteil. Die Leute kommen oft schnell und wollen an einem Erbe teilhaben, sogar dann, wenn sie gar keine Ansprüche haben. Zum Beispiel Geschwister, Erben zweiter Ordnung. Die bekommen nur etwas, wenn der Erblasser sie tatsächlich in seinem Testament berücksichtigt hat. Oder wenn es kein Testament und keine Erben erster Ordnung gibt. Anspruch auf einen Pflichtteil haben sie auf jeden Fall nicht. Da muss ich Leute oft enttäuschen. Meiner Ansicht nach liegt das Problem woanders: Testamente, die verschwinden.

Wie kann man sich das vorstellen?
BITTLER: Da hat jemand ganz ordentlich seinen letzten Willen formuliert und sein Testament im Schreibtisch deponiert. Wenn nun zum Beispiel eine Stiftung, ein gemeinnütziger Verein oder ein Lieblingsneffe erben sollen, aber die direkten Angehörigen es sind, die die Schreibtischschublade nach dem Tod des Erblassers öffnen, was denken Sie, wie viele Testamente da wohl kurzerhand vernichtet werden? Nachweisen lässt sich das fast nicht.

ACHTSAM (VER-)ERBEN

Mein Testament im Bankschließfach zu deponieren, bringt so gesehen nicht viel, oder?
Nein, gleiches Problem! Wer schließt wohl das Bankschließfach nach Ihrem Tod auf? Wer seinen letzten Willen vor Fälschung oder Unterschlagung schützen möchte, sollte sein Testament zur amtlichen Verwahrung beim zuständigen Nachlassgericht geben. Das Testament erhält dann einen Eintrag im zentralen Testamentsregister bei der Bundesnotarkammer - und die Erben und Erbinnen werden nach dem Tod informiert.

Und wenn sich meine Wünsche später noch einmal ändern?
Sie können sich Ihr Testament zu jedem Zeitpunkt wieder herausgeben lassen und es neu schreiben. Die Herausgabe ist kostenfrei. Sie müssen dann nur die 93 Euro Gebühr erneut bezahlen, wenn Sie es wieder beim Nachlassgericht hinterlegen möchten.

Gibt es eigentlich wirklich diese Fälle, in denen der Neffe in Kanada einen Brief bekommt, dass er von einem unbekannten Onkel aus Deutschland ein Haus geerbt hat?
Möglich ist das. Es ist ja so: Wenn es keine Erben gibt, erbt der Staat. Aber bevor es zum Fiskuserbrecht kommt, ist das Nachlassgericht verpflichtet, alle möglichen gesetzlichen Erben zu ermitteln. Zunächst müssen dazu die Sterbe-, Ehe- und Geburtsregister am Lebensmittelpunkt des Verstorbenen eingesehen werden. Gegebenenfalls muss ein Nachlasspfleger bestellt werden, der diese Arbeit übernimmt und den Nachlass verwaltet, bis er die Erben gefunden hat. Wenn er gar nicht weiterkommt, darf er, um seine Pflicht zu erfüllen, auch einen professionellen Erbenermittler beauftragen. Und es kann natürlich sein, dass der tatsächlich am Ende einen Neffen dritten Grades in Kanada findet.

ACHTSAM (VER-)ERBEN

Noch einmal zurück. Ein Haus wird an zwei Geschwister vererbt. Das eine sagt: Ich will, dass wir das Haus als Erbengemeinschaft vermieten. Das andere sagt: Nee, ich will es verkaufen.
BITTLER: Wie gesagt: Versteigerung! Eine Erbengemeinschaft ist darauf ausgerichtet, auseinandergesetzt, also geteilt zu werden und deswegen muss es immer Teilungsinstrumente geben. Das ist zwar ein harter Weg, viele finden es ungerecht, aber anders geht es nicht.

Erleben Sie das häufiger in Ihrer Praxis?
BITTLER: Ja.

Und wie verläuft so etwas?
BITTLER: Sie meinen: schmutzige Wäsche, Beleidigungen, Vorwürfe? Ja, das kommt alles vor. Typisch ist: »Die Eltern hätten das nie so gewollt. Sie wollten, dass ich hier wohne.« Oder einer will das Haus dann doch kaufen und erpresst seine Geschwister emotional: »Ich kann nur so und so viel zahlen, aber dafür bleibt das Haus ja in der Familie.« Es ist ein Hin und Her.

Wie navigieren Sie da als Anwalt hindurch?
BITTLER: Wer als Elternteil schon im Vorfeld befürchtet, es könnte später zu Streit kommen, ist gut beraten, im Testament Anordnungen zu treffen für den Fall, dass sich die Kinder nicht einigen können. Ich kann dann einen neutralen Testamentsvollstrecker einsetzen, der die Verteilung vornimmt. Dagegen können sich die Erben nicht wehren. Das wird dann so gemacht.

Gibt es nicht automatisch einen Testamentsvollstrecker?
BITTLER: Es ist ein populärer Irrtum, dass sich in Deutschland das Nachlassgericht oder der Notar um die Verteilung des Erbes kümmert, so wie man das vielleicht aus anglo-amerikanischen Filmen kennt. So

etwas gibt es nicht. Die Erben müssen das selbst machen. Und wenn ich als Erblasser das meinen Kindern nicht zutraue, weil sie schon immer einen Konflikt hatten, schon seit der Jugend, dann stelle ich ihnen besser einen Testamentsvollstrecker zur Seite.

Das kostet aber Geld?
BITTLER: Ja, ganz klar. Als Testamentsvollstrecker sind Sie der Prellbock zwischen den Erben. Sie sind derjenige, der am Ende das Haus nicht teuer genug verkauft hat, der nicht geguckt hat, ob es nicht doch zu vermieten gewesen wäre und, und, und ...

Was kostet diese Dienstleistung?
BITTLER: Da gibt es als Richtlinie die Tabelle des Deutschen Notarvereins, die Neue Rheinische Tabelle. Da finden Sie die prozentuale Beteiligung je nach Größenordnung des Nachlasses. Bei einer Summe von 600.000 Euro fallen für den Testamentsvollstrecker beispielsweise mindestens 18.000 Euro an. Er erhält eine etwas höhere Vergütung, wenn er eine Immobilie verkaufen muss, und eine geringere, wenn nur Bankkontos und Aktiendepots vorhanden sind.

Ist es da nicht besser, die Immobilie schon zu Lebzeiten zu verschenken?
BITTLER: Der Steuerfreibetrag beträgt genau wie beim Erben 400.000 Euro für die Kinder, kann allerdings alle zehn Jahre aufs Neue ausgeschöpft werden. Beim Erben geht das natürlich nur einmal. Allerdings: Schenken sehr reiche Eltern einem Kind getrennt voneinander jeweils 400.000 Euro, greift der Steuerfreibetrag zweimal. Und wer seinen Enkeln eine Summe schenken möchte, die höher als 200.000 Euro ist, kann dies über eine »Kettenschenkung« tun: Dabei geht das Geld zunächst an das eigene Kind, das es dann nach einer gewissen Zeit ans Enkelkind weiterschenkt. Bei beiden Transaktionen

gilt dann der Freibetrag für Kinder, also 400.000 Euro. Wer ein Mehrfamilienhaus sein Eigen nennt, kann es auch anteilig verschenken und damit die Freibeträge ausnutzen. Sichert sich der Schenkende das Nießbrauchrecht, sinkt der Wert der Schenkung. Aber bevor man sich über solche Details überhaupt nur Gedanken macht, gilt es eine andere Frage zu klären.

Welche ist das?
BITTLER: Kann ich mir eine Schenkung leisten? Meine Empfehlung lautet: Zu Lebzeiten nur weitergeben, was tatsächlich entbehrt werden kann. Zunächst gilt es, das Alter finanziell abzusichern. Dazu gehört auch die Vorsorge für die eigene Pflege. Eine fürsorgliche Betreuung ist nicht günstig, 5000 Euro pro Monat inklusive der Ansprüche aus der gesetzlichen Pflegeversicherung und einer eventuellen privaten Vorsorge sollten veranschlagt werden, für ein Jahr wären das 60.000 Euro. Das sollte man in jedem Fall im Kopf haben.

Also die selbst genutzte Immobilie lieber nicht verschenken?
BITTLER: Ich empfehle das nicht – auch nicht, wenn sich der edle Schenker lebenslanges Wohnrecht und die Einnahmen aus eventueller Vermietung sichert. Immobilien sind ein Bestandteil der Altersvorsorge. Wer mehrere Immobilien hat, kann darüber noch mal anders nachdenken. Da kann ich sagen: Ich übertrage jetzt schon das Haus an meine Tochter und erhalte als Gegenleistung eine Rente. Wie früher in der Landwirtschaft: Altenteil mit einem halben Schwein, Getreide und Eier. So etwas kann man ja auch als Rentenleistungen in Form von Geld machen.

Das Modell »Immobilie gegen Rente«, auch bekannt mit der Bezeichnung Umkehrhypothek, bieten auch viele Finanzdienstleister an. Eine gute Idee?

ACHTSAM (VER-)ERBEN

BITTLER: Ehrlich gesagt, ich halte das für wenig vorteilhaft für die Eigentümer der Immobilie. Das ist ein Modell, das eher die Sichtweise und Interessen der Unternehmen berücksichtigt als die der Besitzer. Würde die ihre Immobilie auf dem freien Markt veräußern, bekämen sie einen wesentlich höheren Preis. Das darf nicht verwundern, denn bei dem Geschäft spielt die Risikoabwägung der Investoren die entscheidende Rolle.

Wie sieht die aus?
BITTLER: Na ja, die überlegen sich: Der oder die Besitzerin könnte überdurchschnittlich alt werden. Das bedeutet, dass die Immobilie erst später vermarktet werden kann und länger eine Rente gezahlt werden muss – gegen dieses Risiko sichern sich die Unternehmen ab. Sie machen Abschläge auf den Kaufpreis, das ist unglaublich. Deswegen kann ich solche Modelle guten Herzens keinem meiner Mandanten empfehlen. Allenfalls, wenn jemand alleinstehend ist und gar niemanden mehr hat, könnte man es in Erwägung ziehen. Aber ansonsten? Ich glaube, jedes Kind würde umfallen, wenn es im Nachhinein erfährt, dass die Immobilie nicht mehr den Eltern gehört, sondern längst einem Investor, der sie für eine läppische Rente bekommen hat.

Kommen häufig Leute mit diesem Modell auf Sie zu?
BITTLER: Danach fragen Mandanten immer mal wieder. Ich erkläre dann kurz, dass sie bedenken sollten, dass ihre Immobilie auf dem freien Markt vielleicht 300.000 Euro bringen könnte, die Rente jedoch nur Basis von vielleicht 200.000 Euro berechnet wird, eben weil hohe Risikoabschläge gemacht werden. Und dann sagen die meisten schon: »Oh, so haben wir uns das aber nicht vorgestellt.« Wenn Menschen im höheren Alter ihr Haus oder ihre Wohnung veräußern, dann meistens, weil ihnen die Immobilie zu groß geworden ist und sie sich mit dem

ACHTSAM (VER-)ERBEN

Verkaufserlös ein schönes Leben machen möchten. Oder sie kaufen sich damit ins betreute Wohnen ein.

Manche Menschen können das. Anderen fällt es unglaublich schwer, loszulassen. Sie bleiben lieber in einem zu großen, nicht altersgerechten Haus wohnen.
BITTLER: Wenn man es sich leisten kann, warum nicht? Oft bleiben diejenigen, die bis ins hohe Alter in ihrem vertrauten Umfeld leben, länger fit als Menschen, die in ein Alten- oder Pflegeheim umziehen müssen. Bei Demenz Erkrankten kann man ja mitunter beobachten, dass der Umzug einen Schub auslöst und ihr Zustand sich noch einmal verschlechtert. Deswegen ist es aus meiner Sicht erst einmal gut, so lange wie möglich in den eigenen vier Wänden zu leben. Auch dort kann man Pflege organisieren.

... und es sich im besten Fall die letzten Lebensjahre richtig gut gehen lassen. Gibt es zunehmend die Einstellung: »Ich mache es mir noch mal richtig schön, geh' auf Reisen, gönn' mir was«?
BITTLER: Der Grundkonsens zwischen Ehegatten lautet in der Regel: Wir wollen uns erst gegenseitig versorgt wissen, keiner von uns soll die Kinder anbetteln müssen. Und erst das, was dann noch übrig bleibt, geht an die Kinder. Ich würde schätzen, 95 Prozent aller Ehepaare, die sich von mir in dieser Frage beraten lassen, haben genau diesen Blickwinkel.

Den Kindern ein möglichst reiches Erbe zu hinterlassen, ist gar nicht mehr das Ziel?
BITTLER: Ach, es gibt durchaus noch Familien, die sich der »Schaffe, schaffe, Häusle baue«-Kultur verpflichtet fühlen, die sich nichts gönnen mögen und alles für die Kinder zusammenhalten wollen. Da kann es schwierig werden, wenn die nächste Generation dem nicht

mehr folgt und sagt: »Nee, ich fliege jetzt im Herbst lieber eine Woche auf die Malediven.« Aber dieses Puritanische, wenn man das so nennen möchte, das erlebe ich hier in der Region Kurpfalz, in Baden eher selten. Richtung Heilbronn, wo ich früher tätig war, ist alles ein bisschen rauer, etwas härter. Da heißt es dann schon eher: Bloß nichts ausgeben. Alles für die Kinder sparen und sich selbst nichts gönnen.

Wenn Kinder sich von ihren Eltern zurückgesetzt fühlen, wenn sie glauben, dass Geschwister bevorzugt wurden, können diese Emotionen eine ziemliche Wucht entfalten. Was tun Sie, wenn Mandanten zu Ihnen kommen, die Vergeltung wollen?
BITTLER: Die Mandanten bekommen von mir die klare Ansage, dass ich das nicht mache, weil es uns in der Sache nichts bringt. Die Angelegenheit muss auf die Sachebene zurück. Das Einzige, was interessiert, ist: Lassen sich die Vorwürfe ins Juristische übersetzen? Ist tatsächlich Geld von den Eltern an die Geschwister geflossen? Hat das Konsequenzen für die Verteilung des Nachlasses?

Und wenn's »nur« Gefühle sind?
BITTLER: Ich sage dann: »Wir können da gerne mal drüber reden. Aber das bringt uns nicht voran. Ganz im Gegenteil, es steht einer Lösung im Wege, weil auf der Gegenseite natürlich genau die konträren Gefühle vorherrschen." Ich bin kein Mediator, aber wenn da zwei aufeinanderprallen, jeder will recht haben und jeder meint, wenn er lauter ist, dann hat er mehr recht …das wird schwierig.

Wie weit kann das gehen?
Bei einem absurden Fall, an den ich mich erinnere, war die Mutter mit Mitte 50 unerwartet verstorben. Sie war Alleineigentümerin des Hauses gewesen und es gab kein Testament. Also erbte der Vater die Hälfte und die beiden Kinder jeweils ein Viertel. Das Haus war

abbezahlt, darüber hinaus war kaum Vermögen da. In dem Haus lebten noch der Ehemann und der jüngere Sohn. Die ältere Tochter war bereits ausgezogen, im Streit! Nach dem Tod der Mutter wollte sie das Haus für einen sehr geringen Preis kaufen und drohte dem Vater und dem kleinen Bruder mit Versteigerung, sollten sie nicht zustimmen. Das zog sich über ein Jahr hin. Das alles war schon schlimm genug. Aber da war noch der Hund der Mutter. Und obwohl die ältere Schwester nur eine kleine Wohnung hatte, wollte sie unbedingt den Hund für sich haben. Aber Sie bekommen keinen Hund geteilt. Bei Scheidungen das Sorgerecht zu verhandeln, das ist schon schwierig genug! Aber kriegen Sie mal den Umgang mit einem Tier geregelt.

Wie ging die Geschichte aus?
BITTLER: Die Sache war einfach nicht zu entwirren – bis das wahre Leben die Lösung herbeiführte. Mein Mandant, der Ehemann, hat eine neue Partnerin kennengelernt und ist zu der in die Pfalz gezogen. Er hat dann gesagt: »Lasst mir meine Ruhe. Übernehmt das Haus, vermietet es, verkauft es, ist mir alles egal. Herr Bittler, Ihr Mandat ist vorbei.« Und dann haben sie das Haus letztendlich verkauft und den Erlös gemäß der Erbquoten geteilt.

Und was ist aus Wuff geworden?
BITTLER: Der ist mit in die Pfalz gezogen. Aber es gibt auch Fälle, die sind nicht nur absurd, sondern tragisch. Sie blicken in menschliche Abgründe.

Mögen Sie erzählen?
BITTLER: Vielleicht nur so viel: bitterbös' zerstrittene Geschwister. Es ging noch nicht mal um sehr viel Geld. Alle waren zudem halbwegs gut situiert. Während der Auseinandersetzung erkrankte meine Mandantin schwer, ihr Bruder hat ihr trotz all der bösen Worte, die

vorher gefallen waren, ein Organ gespendet. Und was meinen Sie? Hat das meine Mandantin milde gestimmt? Nein! Obwohl ihr Bruder ihr das Leben gerettet hat, focht sie hinterher vor Gericht erbarmungslos gegen ihn weiter, keinen Zentimeter hat sie nachgeben. Das hat mich wirklich verstört.

Was macht das mit Menschen, wenn sich Erbauseinandersetzungen über Jahre hinziehen?
BITTLER: Das kann hart werden. Da kam mal ein Mandant in den besten Jahren zu mir in die Kanzlei, erfolgreich, wohlhabend, braun gebrannt, das Haar zurückgegelt. Der fuhr Porsche und hatte eine Harley in der Garage. Er sagte: »Meine Mutter ist verstorben. Ich habe Ärger mit meinem Bruder. Hauen Sie drauf! Egal, was es kostet. Ich sehe nicht ein, mich weiter von dem herumkommandieren zu lassen.«

Was war da los?
BITTLER: Das war eine komplizierte Erbengemeinschaft und der Bruder war der Testamentsvollstrecker, also der Verwalter des Nachlasses. Die Mutter hatte schon im Vorfeld gesehen, dass es Streit geben könnte, aber es war sehr unklug, ausgerechnet den einen Bruder als Testamentsvollstrecker zu benennen, weil der andere sich dadurch erst recht zurückgesetzt fühlte. Das hat das Ganze noch angeheizt. Ich habe mit meinem Mandanten durchgesprochen, wo Chancen bestehen, wo nicht. Stück für Stück haben wir es geschafft, diese Erbengemeinschaft auseinander zu setzen. Es waren nur noch zwei oder drei Punkte offen. Aber da sind die Brüder sich einfach nicht einig geworden. Da hat mein Mandant gesagt: »Verklagen Sie meinen Bruder.« Ich habe ihm versucht zu erklären, dass das keinen Erfolg haben würde: »Ihr Bruder macht alles richtig. Auch wenn es Sie fürchterlich nervt, es ist so.« Mein Mandant war aber nicht umzustimmen. Er blieb dabei, ich sollte den Bruder verklagen. Das

habe ich dann gemacht. Und es ging natürlich nach hinten los, das Verfahren zog sich, mein Mandant war irgendwann völlig zermürbt, fix und fertig, hatte 15 Kilo abgenommen, am Ende benötigte er ambulante psychiatrische Unterstützung.

Ein hoher Preis.
BITTLER: Das ist der Punkt, den ich meinen Mandanten zu vermitteln versuche, wenn sie vor der Entscheidung stehen, Gerichtsverhandlung ja oder nein. Ich sage dann: »Schauen Sie, da ist das Erbe, das Finanzielle. Und da ist Ihre Gesundheit. Sie treffen die Abwägung. Ich als Anwalt verdiene nur, und an einem Prozess gewiss mehr, als wenn wir uns jetzt friedlich einigen.« Ich habe auch schon erlebt, dass Mandanten mir erzählen: »Herr Bittler, allein schon, wenn ich den Briefkasten aufmache und sehe, es ist Post von Ihnen da, fange ich an zu zittern, weil mich die ganze Sache so aufregt.«

Es ist faszinierend, welches Verständnis wir vom Erbe haben. Anstatt Verwandte zu verklagen, könnte man sich doch auch sagen: »Hey, ich erhalte Geld oder Immobilien oder von mir aus auch Hunde oder Katzen. Und ob es etwas mehr oder weniger ist, ist doch egal, denn all das fliegt mir einfach so zu«?
BITTLER: Bei solchen Erbstreitigkeiten werden Konflikte ausgegraben, die schon sehr früh ihren Anfang genommen haben. Wovor ich beinahe schon ein bisschen Angst habe, ist, wenn jemand kommt, und sagt: »Ich muss Ihnen jetzt erst mal die ganze Geschichte erzählen.« Und dann fängt er an von damals, von der ersten Klasse und wie das da alles so gewesen ist. Ich denke mir dann: Okay, dass die beiden zusammen auf der Schule waren, hat erst mal gar nichts mit einer sachlichen Lösung zu tun. Aber ich höre zunächst einmal zu. Das gebietet der Respekt. Aber irgendwann muss ich sagen: »So, aber ich weiß immer noch nicht, weshalb Sie zu mir gekommen sind, wobei ich

Ihnen helfen soll.« Wenn Mandanten zu Beginn zu mir sagen: »Herr Bittler, mir geht's hier nicht ums Geld. Hier geht es ums Prinzip«, dann weiß ich: Das wird eine langwierige Sache. Ich frage mich dann immer: Was heißt Prinzip? Aber gut.

Das Prinzip Gerechtigkeit? Vielleicht wünschen die Menschen sich, dass ein erlebtes Unrecht doch aus der Welt geschaffen werden kann?
BITTLER: Ja, die Ungerechtigkeit aus Kindertagen soll ausgeglichen werden. Aber wie soll ich das machen?

Merken Sie es gleich, wenn Sie in die Rolle des Richters gebracht werden oder die Gerechtigkeit, die im Leben nie stattfand, endlich herbeiführen sollen?
BITTLER: Ich habe teilweise dramatische Fälle. Mandanten und Mandantinnen, die berichten, wie sie unter den Misshandlungen des Vaters leiden mussten. Und die Geschwister und die Mutter haben zugesehen, haben nichts gemacht. Dieses Unglück soll jetzt durch den monetären Anspruch geradegerückt werden. Ich kann ihnen ihr Recht in puncto Erbe verschaffen. Aber es gibt keinen Ausgleich für Missbrauch, keine finanzielle Gutmachung für emotionales Leid.

Und auf der anderen Seite, geht es manchmal auch nur um Kleinkram?
BITTLER: Ich habe es schon gehabt, dass um das Rasierset des Verstorbenen gestritten wurde. Wenn es um so etwas Kleines geht, dann sage ich: »Ich helfe Ihnen gern, aber das muss ich zum normalen Stundensatz von 250 Euro plus Umsatzsteuer abrechnen.« Dann haben viele plötzlich kein Interesse mehr am Streit.

Da zahlt wahrscheinlich auch keine Rechtsschutzversicherung?

ACHTSAM (VER-)ERBEN

BITTLER: Nein, Erbstreitigkeiten muss man in aller Regel aus der eigenen Tasche bezahlen. Die Versicherer wissen schon, dass ist keine Versicherung, mit der man Geld verdienen kann. Dafür werden die Streitigkeiten viel zu erbittert ausgetragen. Manchmal kann man Mandanten zu einer Einigung zwingen, wenn man ihnen klarmacht, was ansonsten für Anwaltskosten auf sie zukommen. Es ist auch meine Absicht, mit teilweise sehr hohen Honorarforderungen. Ich will die Mandanten noch einmal zum Nachdenken bewegen: Leute, ist es euch das wirklich wert?

Wie sind Sie überhaupt zum Erbrecht gekommen?
BITTLER: Ursprünglich wollte ich Strafverteidiger werden. Ich habe mich dann aber bei einer Kanzlei beworben, die auf Erbrecht spezialisiert ist. Dort bin ich über zwanzig Jahre geblieben. Inzwischen bin ich auch als Vorstand der Deutschen Interessengemeinschaft für Erbrecht und Vorsorge e.V. tätig – und sehr froh darüber, wie sich alles entwickelt hat. Ich würde nichts anderes als Erbrecht machen wollen.

Was ist das Reizvolle daran?
BITTLER: Die Menschen sind das Spannende. Was ich von Mandanten weiß, das wissen wahrscheinlich ihre engsten Freunde nicht. Sie erzählen mir, was sie beschäftigt und bewegt, das ist einfach toll. Und es ist auch schön, wenn man helfen kann. Viele Mandanten, die zur vorsorgenden Beratung kommen, sind hinterher richtig glücklich. Wenn sie mit meiner Hilfe eine Lösung gefunden haben, sagen manche: »Jetzt kann ich wieder ruhig schlafen.« Da ist ein Satz, der war grandios. Eine Mandantin meinte mal zu mir: »Eigentlich müsste ich Ihre Rechnung an meine Krankenkasse weiterleiten. Was die jetzt alles nicht mehr bezahlen müssen, keine Therapie, keine Schlafmittel mehr. Das fällt alles weg.«

ACHTSAM (VER-)ERBEN

Es ist einfach ein gutes Gefühl, wenn die Leute sagen: »Herr Bittler, danke, das ist genau so, wie wir es uns vorstellen. Danke, dass Sie die Worte des Testaments so gefunden haben. Das passt.« Es gibt so viele Konstellationen. Familien mit behinderten Kindern haben spezielle Sorgen, Patchworkfamilien die ihren, Eltern, deren Kind drogensüchtig geworden ist, kämpfen mit wieder anderen Problemen. Und alle wollen individuell bedient werden. Das Vertrauen, das einem die Menschen dabei entgegenbringen, ist einfach schön.

Jan Bittler (Jg. 1966) ist Fachanwalt für Erbrecht in Heidelberg. Er vertritt Mandanten in Erb- und Pflichtteilstreitigkeiten und unterstützt bei der rechtlichen und steuerrechtlichen Planung der Vermögensnachfolge und der persönlichen Vorsorge einschließlich Stiftungsfragen. Er ist zudem Fachautor. In seiner Funktion als Vorstand der Deutschen Interessengemeinschaft für Erb- und Vorsorgerecht e.V. berät er zudem gemeinnützige und kirchliche Organisationen, erbrechtheidelberg.de

ACHTSAM (VER-)ERBEN

ACHTSAM (VER-)ERBEN

ACHTSAM (VER-)ERBEN

»Manchmal ist es klüger zu sagen: Okay, nimm du!«

Schwierige Persönlichkeiten können Erbauseinandersetzungen in unlösbare Konflikte verwandeln. Wenn scheinbar nichts mehr geht, weiß die Münchner Psychotherapeutin **Bärbel Wardetzki,** welche Strategien weiterhelfen.

ACHTSAM (VER-)ERBEN

Frau Wardetzki, jemand ist verstorben und nun geht es ans Erben. Dabei kommt es in vielen Fällen zu erbitterten Auseinandersetzungen unter den Beteiligten ...
WARDETZKI: ... am schwierigsten ist es, wenn Familien nicht mehr lösungsorientiert miteinander sprechen können. Das finde ich dramatisch. Wenn da nur noch Streit, Kampf und Missgunst sind, wenn nach dem Tod des Vaters oder der Mutter kaputte Familienstrukturen einmal mehr sichtbar werden und sich die ganze gestörte Dynamik im Erbfall voll entfaltet.

Um was wird gestritten?
WARDETZKI: In reichen Familien spielt Geld eine große Rolle, denn Geld ist Macht. Diesen Menschen fällt es ungeheuer schwer, davon etwas abzugeben. Ich nenne es das Dagobert-Duck-Syndrom. Auf dem Geld hocken, aber nicht gut damit umgehen können, nichts Sinnvolles damit anfangen können. Geld ist oftmals ein Reizwort in diesen Familien. Sie haben ein völlig verqueres Verhältnis dazu. Entweder hauen sie es raus oder aber sie bunkern es. Einen vernünftigen, normalen Umgang gibt es meist nicht. Das finde ich immer sehr traurig.

Erben heißt meist: teilen.
WARDETZKI: Und genau das geht in solchen Familien nicht. Die einzelnen Mitglieder können sich nicht zusammen an einen Tisch setzen und überlegen: Okay, wenn du das nimmst, dann nehme ich das. Sich zu einigen, wer kriegt die Brosche, wer die Uhr, das geht nicht, Heilig's Blechle! Stattdessen kommt die ganze Neid-Geschichte zwischen den Beteiligten zum Tragen. Da sind so tiefe Wunden, so viele Verletzungen, so viel Missgunst. Die ganzen unverarbeiteten Gefühle werden im Erbstreit ausgelebt. Nach dem Motto: Ich muss ganz viel kriegen, weil ich als Kind immer zu kurz gekommen bin. Das

ist eine destruktive Dynamik, die sich da in manchen Familien entwickelt. Die bekommen sie dann nicht mehr eingefangen. Und letztendlich zerbrechen die Familien dann daran.

Was sind das für Familien, in denen Konflikte bis aufs Blut austragen werden?
WARDETZKI: Wenn ich solche Familien in meiner Praxis habe, dann spüre ich da nicht viel Emotionalität, nicht viel Wärme. Häufig herrschen dort sogenannte dysfunktionale, also fehl- oder schlecht funktionierende Regeln vor. Es gibt vor allem unausgesprochene Vereinbarungen. Für Außenstehende ist es schwer, sich in solche Familien einzufinden, sie zu verstehen. Oftmals schotten sie sich auch stark ab, pflegen kaum tiefere Kontakte zu Freunden, lassen niemanden hinter die Kulissen gucken. Die äußere Fassade, der gute Eindruck, den sie auf andere machen, ist ihnen wichtiger als lebendige Beziehungen. Typisch ist: Von diesen Familien geht ein unheimlicher Sog auf die einzelnen Mitglieder aus, der sie im System festhält. Diejenigen, die aussteigen wollen, die ein anderes Leben wollen, können sich häufig nur unter Qualen lösen. Wer sich zu distanzieren versucht, muss damit rechnen, in die Rolle des schwarzen Schafs gedrängt zu werden.

Kann man sagen, welche Persönlichkeitsstile in solchen Familien vorherrschen?
WARDETZKI: Narzissmus ist dort sehr ausgeprägt. Und vor allem dieser ausgeprägte Narzissmus ist es, der Erbkonflikte massiv verschärft. Dort agieren dann egozentrische Personen mit einer hohen Anspruchshaltung und wenig Empathie. Sie gehen mit der tief verinnerlichten Überzeugung an die Sache ran: *Ich muss das meiste kriegen! Ich habe das verdient! Mir steht das zu!* Die enorme Ich-Zentriertheit ist nicht auf Kooperation und Miteinander ausgelegt. Im

Gegenteil: Teilen wird mit Versagen gleichgesetzt. Deswegen kommt es schnell zum Kampf. Und wenn der mal so richtig im Gange ist, ist er ganz schwer zu stoppen. Denn jeder Kompromiss, jede Form des Nachgebens wird von den Beteiligten als Niederlage empfunden.

Die es um jeden Preis zu vermeiden gilt?
WARDETZKI: Menschen mit einer narzisstischen Struktur sind so sehr in ihr gefangen, sie merken gar nicht, was sie im Kontakt mit anderen anrichten, wie sehr die anderen unter ihrer Kompromisslosigkeit leiden müssen. Sie haben überhaupt kein Gespür dafür, dass sie sich auf Kosten anderer erhöhen. Doch die ständigen Entwertungen des Gegenübers sind eben eine Katastrophe für einen respektvollen Umgang miteinander. Die extremste Form dieses Verhaltens ist der maligne Narzissmus, wie ihn der Psychoanalytiker Otto F. Kernberg beschrieben hat. Er ist durch antisoziales Verhalten und eine paranoide Einstellung gekennzeichnet. Diese Menschen missachten soziale Normen, sind zutiefst unehrlich, aggressiv bis zur psychischen und körperlichen Grausamkeit und setzen ihre eigenen Zielvorstellungen ohne Rücksicht auf andere durch. Zum Glück ist diese ausgeprägte Form selten.

Was genau kennzeichnet narzisstisches Verhalten?
WARDETZKI: Jeder Mensch hat narzisstische Anteile in sich. Man kann sich das als Spektrum vorstellen: Einige Menschen stehen eher am einen Ende, bei ihnen ist der Narzissmus kaum ausgeprägt. Viele Menschen kann man in der gesunden Mitte verorten. Und manche finden wir eben am anderen Ende, wo es dann oft problematisch wird. Ausgeprägtes narzisstisches Verhalten ist von starker Ich-Bezogenheit und Gier nach Aufmerksamkeit gekennzeichnet. Menschen mit hohen narzisstischen Anteilen müssen immer die Besten sein und am meisten bekommen, um sich wertvoll zu fühlen. Sie kompensieren ihre

ACHTSAM (VER-)ERBEN

Unsicherheit durch Selbstdarstellung. Oft haben sie viel Charisma, sind regelrechte Menschenfänger. Ihre Grandiosität beschert ihnen eine große Anhängerschaft und viele Bewunderer. Sie sind sprachgewandt, wollen immer Recht behalten. Die eigenen Interessen stehen über denen der anderen. Solche Menschen kreisen nur um sich. Die Bedürfnisse anderer nehmen sie kaum wahr. Und wenn, halten sie ihre eigenen für bedeutender. Sie wollen Kontrolle über ihr Gegenüber erlangen und bestimmen, was diese tun dürfen und was nicht. Sie verhalten sich, als seien sie der Dreh- und Angelpunkt der Welt. Hat ihr Gegenüber begriffen, wer hier das Sagen hat, werden sie freundlich und zugewandt, aber nur so lange, wie es für sie nutzbringend ist. Sonst beenden sie die Beziehung und wenden sich jemand anderem zu.

Klingt ganz schön herzlos ...
WARDETZKI: Es sind nicht per se schlechte Menschen. Ausgeprägter Narzissmus ist ein Versuch, das Selbstwertgefühl vor dem Zerfall zu bewahren. Es ist die Suche und die Sucht nach Erfolg, Geld, Anerkennung, Bestätigung und Macht. Das brauchen diese Menschen so dringend als Pflaster für ihre verletzte Seele. Narzissten können kaum auf Eigenliebe und einen stabilen Selbstwert zurückgreifen. Sie sind daher im übersteigerten Maße auf äußere Bestätigung angewiesen, um sich wertvoll zu fühlen. Für Leistung und Erfolg opfern sie ihre Zufriedenheit und Lebenslust, zu der sie oft den Zugang verloren haben. Sie engen ihren Lebenssinn auf Arbeit, Status und Geldverdienen ein. Allerdings hat dieser Bewältigungsversuch enorme Kosten, er zerstört Beziehungen.

Geht es immer nur um den materiellen Vorteil?
WARDETZKI: Nein, manchmal geht es auch um den seelischen Gewinn. Im Sinne von: Damit es mir gut geht, musst du so sein, wie

ich das will. Du musst dich so verhalten, wie ich das bestimme. Deswegen schart ein ausgeprägt narzisstischer Mensch auch gerne Leute um sich, die ihm zujubeln, ihn anhimmeln, ihn bewundern. Je mehr Ja-Sager er um sich hat, desto größer und mächtiger fühlt er sich. Das hat man an Donald Trump gesehen. Narzissten sind wahnsinnig gut darin, Leute für sich zu gewinnen und sie zu manipulieren. Das können sie perfekt. Oftmals machen sie das gar nicht bewusst, sondern dieses Verhalten läuft automatisiert ab. Und, wenn sie sehr starke narzisstische Anteile haben, gehen sie dafür sogar über Leichen. Da kennen die gar nichts.

Aber selbst diese Menschen werden mal älter und schwächer und mit ihrem nahenden Tod konfrontiert. Was löst das in ihnen aus?
WARDETZKI: Ein Narzisst hält sich für unsterblich, für forever young. Das gehört zu seinem Gefühl der Grandiosität. Zu merken, wie die eigenen Kräfte schwinden, ist für ihn eine große Kränkung. Im Alter fallen ganz viele narzisstische Stabilisatoren weg. Zum Beispiel ein attraktives Aussehen, körperliche Fitness, strahlende Schönheit. Stattdessen kommen Falten, Pfunde und schlaffe Muskeln. Womöglich lässt auch die geistige Fitness nach. Man ist vielleicht auch nicht mehr so gefragt, weil jetzt eine junge Generation heranwächst, die einen überholt. Das sind alles Kränkungen für die narzisstische Seele, deren Wohlbefinden von all diesen Äußerlichkeiten abhängt. Um den Verlust auszugleichen gibt es im narzisstischen System zwei ganz wichtige Krücken: Geld und Macht. Das sind ihre Mittel, mit denen sie sich Freunde und Einfluss sichern. Oder es zumindest versuchen.

Und sein Erbe ist für einen narzisstischen Menschen dann auch eine Trumpfkarte, mit der er bis zur letzten Minute Macht ausüben kann?

ACHTSAM (VER-)ERBEN

WARDETZKI: Genau. Herrschen und Teilen! Wer auf meiner Schiene fährt, wird belohnt, wer es nicht tut, wird bestraft – und zwar über den Entzug von Geld. Im narzisstischen System wird Geld mit Liebe gleichgesetzt. Da gehören zum Beispiel diese ganzen Enterbungsgeschichten dazu. Also: »Wenn du diese Person heiratest, dann enterbe ich dich« oder »Wenn du das Unternehmen nicht weiterführst, bist du raus« oder »Wenn du nicht beruflich das machst, was ich für angemessen halte, dann bekommst du nichts«. Was ist das anderes als Machtausübung und Erpressung?

Nur darum geht es?
WARDETZKI: Ja, um Kontrolle und Manipulation. Manche Patriarchen vermachen Teile ihres Vermögens schon vor ihrem Tod – aber unter ganz strengen Auflagen. Bis ins letzte Detail ist vorgeschrieben, was mit dem Geld zu passieren hat und wie es auch über den Tod hinaus zu verwenden ist. Neid ist auch ein ganz starkes Motiv. Narzisstisch geprägte Menschen sind sehr neidisch. Der Gedanke, ihre Erben könnten es sich mit dem Geld einfach gut gehen lassen, etwas Schönes damit machen, ist für sie unerträglich. Das ist in den Augen eines narzisstischen Menschen eine Unverschämtheit. Nach dem Motto: Ich habe geackert wie blöd, und ihr profitiert davon und ruht euch auf meinen Lorbeeren aus?

Auf der anderen Seite gibt es auch Menschen, die ihr Erbe ganz bewusst bis zuletzt ungeordnet lassen?
WARDETZKI: Das ist natürlich auch ein ganz gemeiner Schachzug, letztendlich aber auch wieder eine Form der Kontrolle. Der Erblasser lässt die Erben absichtlich im Ungewissen. So kann er sie klein halten. Die anderen sind verunsichert, können sich nicht orientieren, wissen nicht, was auf sie zukommt, und sind damit besser händelbar durch den Erblasser. Das ist übrigens eine Verhaltensweise, die bei vielen

Menschen, auch bei jenen ohne große narzisstische Anteile, anzutreffen ist. Denn es ist eben auch eine Möglichkeit, die eigene Angst vor dem kommenden Tod auf das Gegenüber zu schieben. Meine eigene innere Unruhe versuche ich zu betäuben, indem ich sie auf andere übertrage.

Mal angenommen, ich bin Teil einer Erbengemeinschaft, zu der auch schwierige, wenig empathische Menschen gehören, mit denen ich mich auseinandersetzen muss. Wie gehe ich am besten vor?
WARDETZKI: Es kommt natürlich ganz drauf an, wie ausgeprägt das dysfunktionale Verhalten ist. Auch mit narzisstisch strukturierten Menschen kann ich innerhalb gewisser Grenzen Beziehungen führen. Anders sieht es aus, wenn ich es mit jemanden mit einer voll ausgebildeten narzisstischen Persönlichkeitsstörung zu tun habe, die allerdings extrem selten ist. Wenn die Situation wirklich verfahren ist, dann ist es natürlich immer gut, wenn man sich Hilfe von außen holt.

Ist Mediation eine gute Idee?
WARDETZKI: Mediation halte ich für sehr effektiv – wenn alle Parteien bereit sind, mitzumachen. Wenn das der Fall ist, ist es die beste Lösung, meiner Meinung nach. Denn in der Mediation können alle Beteiligten ihre Wünsche anbringen und man kann in Ruhe schauen, wie man zu einem Kompromiss kommt.

Aber ist die Gefahr der Manipulation nicht groß? Narzisstische Menschen sind gut darin, Tatsachen zu verdrehen, andere Menschen mit ihrem Charme einzuwickeln. Kann man sich darauf verlassen, dass ein Mediator das erkennt?
WARDETZKI: Oft ist das schwer. Denn ein stark narzisstisch strukturierter Mensch, der einigermaßen intelligent ist, kann auch einen Mediator täuschen. Er entwickelt ein perfektes Bild nach außen

ACHTSAM (VER-)ERBEN

und alle sagen: »Nein, wie ist der nett und zugewandt, das ist ja so ein hinreißender Mensch.« Deshalb fliegen solchen Leuten ja auch so viele Herzen zu. Die können sich perfekt verstellen und das merkst du nicht. Ich sage immer, sie kommen als Dr. Jekyll und gehen als Mr. Hyde. Das wird ein Mediator oder Rechtsanwalt in der Kürze der Zeit im Normalfall nicht durchschauen.

Eine pessimistische Aussicht.
WARDETZKI: Ja, aber es ist leider so. Ich erlebe das ganz oft. Stark narzisstisch strukturierte Menschen können gerade zu Beginn, beim Kennenlernen, bei kurzen Kontakten wirklich sofort alle Leute für sich einnehmen. Es ist wirklich schwer zu vermitteln, dass dahinter noch eine andere Seite ist.

Wie kann ich solche Auseinandersetzungen trotzdem gut überstehen?
WARDETZKI: Die innere Haltung ist ein ganz entscheidender Punkt. Denn ich werde den anderen nicht dazu bringen, dass er ein großzügiger, dialogfähiger Mensch wird. Ich muss davon ausgehen, dass die Kommunikation mit diesem Menschen schwierig bleibt. Also ist die Frage: Was kann ich tun? Manchmal hilft es, wenn man ein bisschen cleverer ist als diese Person. Das heißt, wenn man kapiert, worauf der andere hinauswill, zu überlegen, ob es nicht einen Haken gibt, den man schlagen kann. Dass ich dem anderen sozusagen den Weg abschneide. Aber auf eine Art und Weise, dass er es nicht merkt.

Wie funktioniert das konkret?
WARDETZKI: Also, ich weiß zum Beispiel, der andere ist gierig und immer auf seinen Vorteil bedacht. Dann kann ich die Bedürfnisse oder die Gefühle des narzisstischen Menschen spiegeln und sagen: »Also ich merke, dass dir wahnsinnig daran gelegen ist, dass diese Sache zu

deinen Gunsten hier gelöst wird.« Das macht etwas mit dem anderen. Ich spiegle ihm etwas zurück, was er vielleicht selbst gar nicht spürt. Es besteht dabei natürlich die Gefahr, dass er sich beschämt fühlt und dann noch aggressiver wird. Mit etwas Glück aber wird er »nur« verlegen und schaltet einen Gang runter.

Gibt es ein weniger riskantes Vorgehen?
WARDETZKI: Gut ist, einen Punkt zu finden, wo ich das Selbstwertgefühl meines Gegenübers stärken kann, anstatt es zu schwächen. Vielleicht gibt es etwas, über das ich mich lobend und anerkennend äußern kann. Man sollte Kampf und Konfrontation vermeiden. Denn ein narzisstischer Mensch darf einfach nicht verlieren. Er wird alles tun, um das zu verhindern. Denn Verlieren würde seinen eh schon fragilen Selbstwert zu sehr schwächen. Man muss sich immer wieder vergegenwärtigen: Hinter der prächtigen Fassade befindet sich ein emotional verwahrlostes, verzweifeltes Kind, das nach Anerkennung hungert.

Und ich soll ihm diese Bestätigung geben?
WARDETZKI: In der Psychologie nennen wir das narzisstische Unterfütterung. Ich lobe den anderen für die Sachen, die mir an ihm gefallen. Das ist Labsal für seine Seele. Manchmal werden diese Menschen dann zugänglicher.

Ich soll also einfach klein beigeben?
WARDETZKI: Nein, darum geht es nicht, sondern darum, in der Auseinandersetzung selbstbewusst und klug zu bleiben, um den Überblick zu behalten. Erst einmal sollte ich versuchen, mich in die Situation des anderen zu versetzen. Wie sieht die Welt aus dessen Blickwinkel aus? Was bedeutet der Erbkonflikt für ihn? Vielleicht spüre ich, dass hinter dem arroganten Auftreten viel Unsicherheit und

ACHTSAM (VER-)ERBEN

Angst steckt. Und mit dieser Empathie im Gepäck kann es vielleicht doch eine konstruktive Annäherung in kleinen Schritten geben, die in eine Einigung mündet.

Aber vielleicht spüre ich auch: Da ist viel Destruktivität. Wenn ich das wahrnehme, ist es besser zu überlegen: Was muss ich tun, um mich davor zu schützen? In solchen Fällen kann es tatsächlich klüger sein, zu dem anderen zu sagen: »Okay, nimm du!« Denn sich an solchen Menschen abzuarbeiten, das geht an die Substanz. Dann der sprichwörtlich Klügere zu sein und nachzugeben, ist vermutlich die weisere Entscheidung.

Diese Erkenntnis erfordert eine gewisse resignative Reife.
WARDETZKI: Nein, nicht Resignation, sondern Selbstwert braucht es. Wenn ich um meinen eigenen Wert weiß, dann kann ich mich leichter positionieren und meinen Weg durch den schwierigen Konflikt finden. Dazu gehört, die Versuche der narzisstisch strukturierten Person, einen zu entwerten und klein zu machen, an sich vorbeiziehen zu lassen und sich zu sagen: »Okay, das gehört in sein System. Das bin nicht ich.« Ohne Frage: Das ist nicht einfach, sondern eine Herausforderung.

Authentisches Verhalten ist in keinem Fall möglich?
WARDETZKI: Man muss Abschied nehmen von der Vorstellung, dass eine Beziehung zu diesem Menschen unkompliziert sein kann. Zu einem ausgeprägten Narzissten kann man keine wirklich tiefe Bindung aufbauen. Deswegen ist es clever, das Ganze eher als eine Art Spiel zu betrachten und die Sache auf keinen Fall zu nah an sich heranzulassen. Wenn ich zum Beispiel noch einmal den amerikanischen Ex-Präsidenten Donald Trump nehme: Da hat es gar keinen Sinn, irgendwas zu versuchen. Das kann man zwar tun, aber dann ist man der Depp. Manche Systeme sind so destruktiv, da kann man eigentlich nur den Rückzug antreten, wenn man keinen Schaden nehmen will.

ACHTSAM (VER-)ERBEN

Trump ist ein schönes Beispiel für einen alternden Narzissten, der zunehmend an Macht verliert. Haben Sie eine These, was von seiner Seite noch zu erwarten ist?
WARDETZKI: Es gibt zwei Möglichkeiten. Entweder er trocknet in den kommenden vier Jahren aus, weil er keine Anerkennung, keine Aufmerksamkeit mehr bekommt, weil andere da sind, die jünger und charismatischer sind und er dann nicht mehr angesagt ist. Das wäre eine wahnsinnige narzisstische Kränkung für ihn. Alternde, gescheiterte Narzissten verbittern, ziehen sich von der Umwelt zurück, werden oft zum Einsiedler. Oder aber Trump ist so dermaßen scharf auf Macht, dass er zunächst erst mal alles versuchen wird, um seinen Einfluss im Hintergrund wieder auszubauen. Um dann nach vier Jahren plötzlich wieder da zu sein. Ich glaube nicht, dass er noch mal gewinnt. Das kann ich mir kaum vorstellen. Aber nun gut, ich habe es mir beim ersten Mal auch nicht vorstellen können. Vielleicht versucht er aber auch, einen »Königssohn« heranzuziehen und bekommt dann über diese Rolle die Bestätigung, die er braucht. Das halte ich für die wahrscheinlichste Variante.

Und so wird der Narzissmus von einer Generation an die nächste weitergegeben ...
WARDETZKI: Wenn ich in einem narzisstischen System groß werde, bekomme ich von klein auf bestimmte Botschaften vermittelt. Zum Beispiel: Spiel nicht mit den Schmuddelkindern. Übersetzt heißt das: Wir sind etwas Besseres. Du bist mehr wert, stehst über den anderen und das ist in Ordnung so. Wenn da nicht von irgendwo eine Korrektur kommt, im Kindergarten, in der Schule oder durch Freunde zum Beispiel, dann wachsen diese Kinder mit dem Gefühl der Grandiosität auf.

Aber auch die Genetik spielt eine große Rolle. In der Forschung ist man derzeit der Ansicht, dass von allen Persönlichkeitsstörungen beim

Narzissmus der genetische Einfluss am größten ist. Das heißt, es kann sein, dass diese Kinder einfach mit einer neurobiologischen Ausstattung auf die Welt kommen, die anders ist als bei anderen Menschen. Und wenn diese Kinder dann noch in ihren Familien entsprechende Botschaften erhalten, verstärkt sich das noch einmal. Ich glaube ja, dass narzisstische Menschen im Grunde sensibel sind. Hinter ihrer narzisstischen Fassade sind sie sehr verletzlich. Das würde man nicht vermuten.

Tatsächlich?
WARDETZKI: Ja, da braucht jemand nur die Augenbraue im falschen Moment hochzuziehen und schon sind sie beleidigt. Sie haben eine sehr unsichere Seele. Und wenn so jemand auch noch in eine narzisstische Familie hineingeboren wird, dann wird er ja von Anbeginn narzisstisch ausgebeutet. Nach dem Motto: »Du, mein Kind, musst so sein, dass ich als Papa oder Mama mich narzisstisch gefüttert fühle.« Das Kind muss besonders sein – in irgendeiner Form. Es hat keine Chance, einfach zu sein, wie es ist. Und diese tiefe Frustration, nicht um seiner selbst geliebt zu werden, versucht das Kind dann auch wieder mit Narzissmus zu bewältigen. Diesen Lösungsversuch bezahlt es im ungünstigen Fall ein Leben lang mit scheiternden Beziehungen, Konflikten und Kontaktabbrüchen. Tragisch für die Person selbst und genauso für ihr Umfeld, das unter diesem Menschen leidet.

Und dennoch: In der Evolution hat sich Narzissmus durchgesetzt. Welche Vorteile kann ein solches Verhalten haben?
WARDETZKI: Auf gewisse Weise ist Narzissmus die genialste Form, um mit Selbstwertschwierigkeiten umzugehen. Zum Vergleich: Wenn ich Depressionen habe, dann sitze ich stumm in der Ecke, ziehe mich zurück und komme nicht weiter. Wenn ich hingegen eine narzisstische

Struktur habe, dann packe ich an. Dann bin davon überzeugt, dass ich das schaffe, dass ich das Richtige tue, dass ich wirklich gut bin.

Also doch eine Erfolgsstrategie ...
WARDETZKI: Ja, aber ab einem gewissen Maß schlägt das zunächst günstiges Verhalten eben ins Gegenteil um: Mut wird zum Harakiri, Eloquenz schlägt in Rechthaberei um, Durchsetzungsfähigkeit in Rücksichtslosigkeit und Egozentrik. Das Zuviel ist das Problem an der Sache. Doch grundsätzlich hat die Überzeugung, genial und etwas Besonderes zu sein, etwas Produktives in sich. Man will etwas erschaffen, man will Erfolg haben. Wenn wir keine narzisstisch geprägten Menschen hätten, dann würde unsere Wirtschaft ganz anders aussehen. Wer traut sich denn zu, einen Großkonzern mit Tausenden von Mitarbeitern zu führen? Das sind Leute, die sagen: »Na klar, das kann ich.« Das ist die produktive Seite. Deswegen sage ich: zum eigenen Narzissmus Ja sagen, darüber reflektieren und ihn positiv und vor allem nicht auf Kosten anderer leben.

Dr. Bärbel Wardetzki (Jg. 1952) ist Psychologin, Gestalttherapeutin, Coachin und Autorin mit eigener Praxis in München. Sie beschäftigt sich seit rund 30 Jahren mit dem Thema Narzissmus, hält Vorträge und Seminare und hat mehrere psychologischen Sachbücher dazu veröffentlicht, etwa »Weiblicher Narzissmus« (Kösel Verlag), »Eitle Liebe« (Kösel Verlag) oder »Blender im Job« (Scorpio), baerbel-wardetzki.de

ACHTSAM (VER-)ERBEN

ACHTSAM (VER-)ERBEN

ACHTSAM (VER-)ERBEN

Herr Professor Thieler, sind Sie selber schon mal Opfer von Erbschleicherei geworden?
THIELER: Ich will das hier nicht zu sehr vertiefen, aber ich hatte einen sehr, sehr guten Freund, der keine Angehörigen mehr hatte. Ich habe ihn fast täglich besucht, mich gekümmert, er war schon älter. Im Haushalt hat ihm eine Putzfrau ab und zu unter die Arme gegriffen. Auf einmal starb dieser Freund, ganz plötzlich. Und merkwürdigerweise hatte er nur sieben Tage vorher genau diese Putzfrau zur Alleinerbin gemacht. Das war schon alles sehr komisch. Damals habe ich mitbekommen, wie schnell sich ein bis dato fremder Mensch einschleichen und sich das Vermögen unter den Nagel reißen kann – und wie hilflos und machtlos Angehörige oder Freunde dabei sind. Das war der Anstoß für mich, mich näher mit dem Thema zu befassen und die Stiftung für Opfer von Erbschleicherei zu gründen.

Was genau ist überhaupt Erbschleicherei? Wenn ich einem älteren Menschen helfe und er mich dafür in seinem Testament bedenkt, ist das doch zunächst mal nichts Schlechtes, oder?
THIELER: Natürlich ist nicht jeder Mensch, der sich um einen anderen Menschen kümmert, ein Erbschleicher. Wahrlich nicht. Es gibt sicher viele tolle Leute, die zu Recht ein Teil des Geldes bekommen. Man muss da schon eine Grenze ziehen. Für mich beginnt Erbschleicherei, wenn eine klare Absicht und Hinterlist dahintersteckt, etwa wenn der alte Mensch bewusst von seiner Familie isoliert wird. Wenn er manipuliert wird, wenn versucht wird, ihn abhängig zu machen. Ich spreche bei Erbschleicherei immer von den drei A. Also erst Anschleichen, dann Abschotten und am Schluss Abzocken.

Gibt es den typischen Erbschleicher, die typische Erbschleicherin?
THIELER: Nein, Sie glauben gar nicht, was wir hier in der Stiftung alles erleben. Es gibt nichts, was es nicht gibt. Da treten plötzlich

ACHTSAM (VER-)ERBEN

»Die tückischen drei A: Anschleichen, Abschotten, Abzocken«

Es ist nicht immer einfach zwischen aufrichtiger und geheuchelter Hilfe zu unterscheiden. Zumal Erbschleicher und Erbschleicherinnen immer dreister werden, so die Erkenntnis des Juristen **Volker Thieler** von der Stiftung für Erbrecht, die gegen die zunehmende Ausbreitung von Erbschleicherei kämpft.

ACHTSAM (VER-)ERBEN

Angehörige auf den Plan, die sich Jahrzehnte nicht gerührt haben, schwarze Witwen, die die Todesanzeigen in der Tageszeitung studieren und sich noch auf dem Friedhof an den Witwer heranmachen. Man findet Erbschleicher in allen Berufsgruppen, Pflegende, aber auch Anwälte, Steuerberater und Ärztinnen sind dabei. Und es sind Männer wie Frauen. Manche Erbschleicher schalten Annoncen, in denen sie mehr oder weniger unverblümt nach Opfern suchen. Da steht dann zum Beispiel: Attraktive 40-Jährige sucht älteren, solventen Herrn für gemeinsame Unternehmungen.

Wie erfahren Sie von solchen Fällen?
THIELER: Ein Klassiker ist, dass mich eine Tochter oder ein Sohn anruft und sagt: »Mein Vater ist 92 und hat eine Dame kennengelernt, die ist 44, und nun ist er wie ausgewechselt. Er tut nur noch, was diese Frau sagt, er ist ihr völlig hörig. Ich komme überhaupt nicht mehr an ihn ran. Was soll ich machen?«

Und was kann ich dann tun?
THIELER: Ich hatte neulich so einen Fall. Die Tochter lebte in Skandinavien, die Mutter in München. Die beiden hatten all die Jahre ein inniges, gutes Verhältnis, haben regelmäßig telefoniert und alles. Aber eines Tages erhielt die Tochter einen Brief von ihrer Mutter mit den wüstesten Anschuldigungen. Da stand dann: »Du hast mich beklaut, bestohlen, ich möchte von dir nichts mehr hören.« Da bin ich mit der Tochter voll in die Recherche reingegangen, um herauszufinden, wer überhaupt dahintersteckt. Und siehe da, es war der Nachbar. Er wollte sich das Grundstück der alten Dame unter den Nagel reißen. Die Tochter hat daraufhin ihre Mutter aus den Fängen des Nachbarn befreit und sie zu sich nach Dänemark geholt. Heute sind die beiden zufrieden und glücklich. Aber es ist oft sehr schwierig,

überhaupt wieder an den alten Menschen heranzukommen, wenn er von einem Erbschleicher systematisch abgeschottet wird.

Gibt es ein klassisches Vorgehen? Wie schaffen diese Menschen es so schnell, so viel Einfluss und Macht über ihre Opfer zu gewinnen?
THIELER: Vielfach »belagern« sie ihr potenzielles Opfer in dessen Wohnräumen regelrecht, ziehen dort ein, machen sich breit, zahlen aber keine Miete. Sie sind anfangs sehr hilfsbereit, fürsorglich, liebevoll und machen die betroffene Person emotional von sich abhängig. Man kann sich Erbschleicherei als einen Prozess vorstellen, bei dem sich der Erbschleicher quasi »hocharbeitet«. Anfangs ist er vielleicht im Vermächtnis nur mit einem kleinen Geldbetrag berücksichtigt. Am Ende hat er es zum Alleinerben geschafft.

Versuchen Erbschleicher auch schon zu Lebzeiten an Geld und Güter heranzukommen?
THIELER: Auf jeden Fall. Wenn ein Erbschleicher erst mal das Vertrauen seines Opfers gewonnen hat, dann schaut er umgehend, wo was zu holen ist. Das geht sofort los. Eine beliebte Methode ist etwa, sich Dienstleistungen bezahlen zu lassen, die nie erbracht wurden, oder aber Mondpreise dafür zu verlangen. Ist die Abhängigkeit einmal da, wagen die Betroffenen es kaum noch, dagegen zu protestieren. Ich hatte mal den Fall einer sehr wohlhabenden Frau, die lebte im Pflegeheim und bekam von einer Bekannten regelmäßig Milchreis gekocht. Die Frau fuhr jede Woche extra 100 Kilometer zum Heim, um den Milchreis vorbeizubringen. Hört sich ja erst einmal sehr nett an, aber die Bekannte hat sich diesen Dienst mit 20.000 Euro honorieren lassen. Viele Erbschleicher versuchen auch Blankounterschriften zu bekommen, etwa auf Überweisungsformularen. Und zu einem späteren Zeitpunkt, wenn sich der Erblasser nicht mehr wehren kann, wenn er zu schwach oder krank ist und keinen Überblick mehr hat,

räumen sie die Konten leer. Oder aber es verschwinden wertvolle Gegenstände auf wundersame Weise aus der Wohnung, Gemälde, Schmuck, Goldbarren, Bargeld. So wird der Nachlass schon im Vorfeld Stück für Stück ausgehöhlt. Und für die Angehörigen ist es später meist ungemein schwierig, das nachzuweisen.

Warum sind gerade ältere Menschen so anfällig für Erbschleicherei?
THIELER: Die Einsamkeit. Es ist ganz klar die Einsamkeit, verbunden mit dem Gefühl, immer schwächer zu werden. Viele haben ernsthafte Krankheiten. Und dann steigt die Angst vorm Alleinsein. Allein zu sterben, ist für die meisten von uns eine Horrorvorstellung. Und genau das wissen Erbschleicher, das ist ihr Einfallstor. Sie gehen dabei sehr manipulativ vor, spielen mit den Ängsten der alten Menschen. Sagen dann so Dinge wie: Schau mal, wenn ich nicht wäre, dann hättest du nichts zu essen und nichts zu trinken, keine Medikamente, keine Hilfe. Deine Kinder und Enkel interessieren sich ja gar nicht mehr für dich, aber ich lass dich nicht allein, ich bleibe bis zum Schluss an deiner Seite, auf mich kannst du jederzeit zählen.

Und je einsamer ein Mensch ist, desto empfänglicher wird er für die Einflüsterungen?
THIELER: Ja, das ist ganz typisch. Und auch sehr menschlich. Insofern tragen natürlich die Familienangehörigen eine Mitverantwortung. Wenn etwa ein Sohn zu mir kommt und klagt: »Hilfe, bei meiner Mutter ist ein Erbschleicher«, dann frage ich schon mal: Wie lange haben Sie denn Ihre Mutter nicht besucht? Deswegen sage ich auch immer: Kümmert euch mehr um eure Angehörigen! Sonst hat ein Erbschleicher leichtes Spiel. Doch oft sind die Angehörigen zunächst einmal ganz erfreut, wenn jemand auftaucht, der sagt: *Ich helfe deiner Mutter, deinem Vater. Ich kümmere mich, kaufe ein, leiste Gesellschaft, gehe mit ihm oder ihr spazieren.* Die meisten Angehörigen sind dann ganz

begeistert, weil sie weniger Arbeit haben. Der Erbschleicher nimmt sich die Zeit, die die Angehörigen oft nicht haben. Er sitzt den ganzen Tag neben dem künftigen Erblasser, redet auf ihn ein, isoliert ihn immer ein bisschen mehr, macht ihm weis, dass seine Familie eh nichts mehr von ihm wissen will. Und irgendwann stellen die Angehörigen dann fest: Um Himmels willen, ich komme an meine Mutter, an meinen Vater gar nicht mehr ran.

Was sind typische Warnzeichen?
THIELER: Wenn Sie die Telefongespräche mit einer ihnen vertrauten Person nicht mehr so führen können, wie gewohnt. Wenn die Telefonate plötzlich abgehackt, kurz und knapp sind. Dann können Sie davon ausgehen, der Erbschleicher steht hinter Ihrem Angehörigen und kontrolliert alles. Der nächste Schritt ist, dass Sie mit Ihren Anrufen gar nicht mehr durchkommen, dass Sie abgeblockt werden, dass die Post abgefangen wird. Spätestens dann sitzt der Betroffene in der Falle.

Wenn ich als Angehörige den Verdacht habe, da ist ein Erbschleicher an meinen Eltern dran – bringt es dann etwas, den Erbschleicher direkt mit meinem Verdacht zu konfrontieren?
THIELER: Gar nix. Das verstärkt die Abschottung eher. In so einem Fall kann ich nur raten: hinfahren, Erbschleicher rausschmeißen und den Angehörigen am besten bei sich aufnehmen. Gute Worte helfen da nur selten. Da muss man schon tätig werden.

Was sind das für Menschen, die so etwas tun?
THIELER: Erbschleicher sind nicht immer von Anfang an Erbschleicher, oft haben sie zunächst eine ganz normale Rolle, sind Pflegerin, Freund, Nachbar, Steuerberaterin, Anwalt des Betroffenen. Aber an einem gewissen Punkt, meist, wenn der künftige Erblasser

gesundheitlich abbaut, »verwandelt« sich die Person in einen Erbschleicher.

Also »Gelegenheit macht Diebe«? Oder suchen sich Erbschleicher systematisch ihre Opfer aus?
THIELER: Ich glaube, es gibt beides. Diese Geldgier, diese Raffzahnmentalität muss schon in der Persönlichkeitsstruktur drin sein. Im Prinzip ist es wie im normalen Geschäftsleben, da haben Sie auch solche und solche. Der Unterschied zu einem normalen Betrüger oder Dieb ist vielleicht, dass der Erbschleicher viel weniger Angst haben muss, erwischt zu werden.

Ist Erbschleicherei strafbar?
THIELER: Nein, im Gegenteil, es wird Erbschleichern oft sehr leicht gemacht. Senioren, die in Pflegeheimen leben, dürfen Mitarbeitern und Mitarbeiterinnen nichts vererben, das gilt auch noch für ambulante Pflegedienste. Aber sobald der Kontakt informell ist, greift überhaupt kein gesetzlicher Schutz mehr. Ältere Menschen sind, gerade wenn sie sich hilflos und schwach fühlen, oft sehr großzügig. Sie verschenken hier 500 Euro, verteilen da 200 Euro. Was ihnen nicht so bewusst ist, damit locken sie betrügerische Menschen an. Wenn ich draußen vor die Tür den Nektar hinstelle, dann kommen die Schmeißfliegen angeflogen, um es mal etwas deftig auszudrücken.

Trotzdem braucht es doch eine gewisse Skrupellosigkeit, um die Hilflosigkeit der alten Menschen so auszunutzen?
THIELER: Ja, es gehört schon die Mentalität eines Metzgerhundes dazu. Das gelingt vor allem Menschen, die kaum moralische Grenzen kennen. Einer der dreistesten Fälle, der mir in meinem Berufsleben untergekommen ist, ist der Fall Luxi, der ging auch groß durch die Presse. Georg Luxi war ein Millionär, der im Alter von 82 Jahren seiner

ACHTSAM (VER-)ERBEN

damaligen Lebensgefährtin Maria S. eine Generalvollmacht ausstellte. Von da an konnte sie schalten und walten, wie sie wollte. Sie konnte über sein Vermögen bestimmen, entscheiden, welche Post er bekommt und wie er medizinisch versorgt wird. Und das tat sie auch. Nur wenige Wochen später übertrug sie die sechs Doppelhaushälften und das gesamte Barvermögen von Luxi auf sich und ihren Sohn. Luxis Töchter wollten eingreifen, aber plötzlich war Maria S. mitsamt Luxi wie vom Erdboden verschluckt. Die Töchter beauftragten mich und wir haben ihn dann gesucht, sogar übers Fernsehen in der Sendung »Aktenzeichen XY«. Erfolglos. Maria S. hatte Luxi nach Tschechien verschleppt, wie sich später herausstellte. Erst Monate später tauchte er im Krankenhaus Zwiesel auf: unterernährt, mit Schürfwunden und geschwächt durch einen verspätet behandelten Schlaganfall. Maria S. hatte ihn dort einfach ausgesetzt. Die letzten Wochen seines Lebens verbrachte der ehemalige Millionär dann als Sozialfall in einem Pflegeheim.

Als alter Mensch stecke ich ja gewissermaßen in der Zwickmühle: Denn es ist ja auch ein beruhigendes Gefühl, wenn jemand die Dinge für mich regelt, wenn ich es nicht mehr kann. Wer wünscht sich das nicht? Schützt hier eine Vorsorgevollmacht?
THIELER: Im Prinzip halte ich sehr viel von einer Vorsorgevollmacht. Sie ist für alle Menschen über 18 Jahren sinnvoll, nicht nur für Alte und Kranke. Aber die Einführung von Vorsorgevollmachten hat auch zu einem dramatischen Zuwachs an Erbschleicherei geführt. Denn für einen Erbschleicher ist eine Vorsorgevollmacht so etwas wie ein Jackpot: Er bekommt Zugang zu allen Lebensbereichen. Er kann über die medizinische Versorgung entscheiden, genauso wie übers Vermögen. Deswegen muss man sich in jedem Fall vorher beraten lassen. Sich einfach eine vorformulierte Vorsorgevollmacht mit Ankreuzoptionen aus dem Internet herunterladen und denken, man

sei nun abgesichert, das ist trügerisch. Das Thema ist wirklich sehr kompliziert, ich könnte Ihnen jetzt stundenlang Storys erzählen.

Worauf sollte man zuallererst achten?
THIELER: Zunächst einmal muss man sich fragen, welcher Person kann ich bedingungslos vertrauen? Kenne ich die Person ausreichend lange und gut genug? Ist die Person in der Vergangenheit durch guten Umgang mit Geld aufgefallen? Probleme kann es auch geben, wenn Bevollmächtigte und Erben dieselben Personen sind. Es kommt leider immer wieder vor, dass ein mit einer Vollmacht ausgestatteter Sohn für seine demente Mutter das billigste Pflegeheim in Osteuropa wählt, damit sein künftiges Erbe nicht allzu sehr dezimiert wird. Im schlimmsten Fall kann ein Bevollmächtigter bestimmen, dass lebenserhaltende Maschinen abgestellt werden, um schneller an die Lebensversicherung des Opfers zu kommen – oder dessen Leben künstlich verlängern lassen, um weiter die Rente einzustreichen.

Wenn ich Angst vor Missbrauch habe, ist es dann besser, mehrere Personen einzusetzen? Also nicht nur eins meiner Kinder, sondern alle?
THIELER: Ja, und Sie sollten sich auf jeden Fall anwaltlich beraten lassen. Es gibt so viele Fallstricke, beispielsweise, wenn Sie eine Vorsorgevollmacht haben, die jederzeit widerrufbar ist. Dann kann sich der Erbschleicher einfach einsetzen lassen.

Aber das fällt doch auf ...
THIELER: Nicht unbedingt! Die Erbschleicherin legt Ihnen vielleicht einen Zettel mit einer Vollmacht zum Unterschreiben hin, sagt: Den brauche ich für die Apotheke, um Medikamente zu holen. Sie schauen vielleicht nicht so genau drauf, unterschreiben und schon ist die alte Vorsorgevollmacht, die vielleicht bei Ihren Kindern liegt, unwirksam

– und keiner hat was mitbekommen. Es fällt den Kindern erst auf, wenn sie plötzlich nicht mehr zu Besuch kommen dürfen. Die meisten Besuchsverbote für Angehörige erleben wir tatsächlich über die Vorsorgevollmacht. Ganz typisch ist auch, dass ein Geschwisterteil sich plötzlich ganz rührend um Vater oder Mutter kümmert. Oft ist es dasjenige Kind, das immer eher benachteiligt war, im Leben vielleicht gescheitert ist, eher ein schwieriges Verhältnis zu den Eltern hatte und nun ganz eifrig tut, sich eine Vorsorgevollmacht geben lässt und die anderen Geschwister ausbootet. Das erlebe ich häufig.

Und was passiert dann?
THIELER: Wenn im Rahmen einer Vorsorgevollmacht sogenannte Insichgeschäfte (Selbstkontraktion) zugelassen sind, kann sich der oder die Bevollmächtigte Immobilien und Vermögen schon zu Lebzeiten des Erblassers überschreiben. Da muss er niemanden fragen, sich mit niemandem abstimmen, nicht mal mit dem Erblasser. Und nach dem Tod gibt es dann nichts mehr zu verteilen. Gegen solche Aktivitäten, so schäbig sie sind, kann man später juristisch kaum noch vorgehen. Die anderen Kinder glauben häufig noch, sie hätten ja immerhin noch Anrecht auf ihren Pflichtteil. Aber: Es ist ja gar kein Erbe mehr da. Und der Pflichtteil von nichts ist eben nichts.

Wie häufig ist Erbschleicherei?
THIELER: Die Zahlen steigen unaufhörlich, wir bekommen immer mehr Beschwerden. Und auch die Dreistigkeit hat zugenommen. Es lohnt sich ja auch. In Deutschland werden nach Schätzungen zwischen 250 und 400 Milliarden Euro im Jahr vererbt.

Und davon fallen wie viele Millionen Erbschleichern zu?
THIELER: Die Dunkelziffer ist hoch. Viele Fälle werden ja gar nicht bekannt. Die Angehörigen schrecken oft vor Prozessen zurück, wollen

die Sache einfach abhaken – auch emotional. Das Ganze ist ja meist sehr unerfreulich. Zumal die Aussicht auf Erfolg bei einer juristischen Auseinandersetzung unsicher sind. Und dann hat man das Prozesskostenrisiko, muss die Anwaltskosten, die Gerichtskosten zahlen. Da sind dann schnell viele Tausend Euro zusammen. Das ist ein riesiges Problem. Denn die Rechtsschutzversicherung übernehmen das in der Regel nicht. Viele Opfer befürchten nicht zu Unrecht, dass sie auf diese Weise dem entgangenen Erbe auch noch ihr privates Geld hinterherschmeißen.

Was müsste sich ändern?
THIELER: Man sollte Erbschleicherei auch in Deutschland unter Strafe stellen. Andere europäische Länder sind da weiter, da gibt es zum Teil eine andere Rechtsprechung. Sie haben zudem Schutzorganisationen, die sich für alte Menschen engagieren und helfen, solchen Missbrauch zu erkennen, zu benennen und zu verhindern.

Dr. Volker Thieler ist Rechtsanwalt in München und befasst sich seit vielen Jahren mit den Rechtsproblemen älterer Menschen, insbesondere mit dem Betreuungsrecht und den sich durch Missbrauch der Vorsorgevollmacht ergebenden Erbschleicherfällen. Sein Wissen vermittelt er Betroffenen u.a. auf YouTube, erbschleicher.net

ACHTSAM (VER-)ERBEN

ACHTSAM (VER-)ERBEN

»*Es geht im Kern immer um dasselbe: Wer war Papas Liebling?*«

Mediation kann in einem hässlichen Erbstreit manchmal bessere Lösungen erzielen als ein langwieriger Rechtsprozess. Die Kölner Mediatorin **Dorothée Linden**, hat in ihrer Berufspraxis in den vergangenen 30 Jahren vielen Familien dabei geholfen, Konflikte im gemeinsamen Gespräch beizulegen.

ACHTSAM (VER-)ERBEN

Frau Linden, manchmal tauchen bei der Testamentseröffnung unerwartet uneheliche Kinder oder eine Geliebte auf. Erleben Sie so etwas?
LINDEN: Überraschung pur. Natürlich. Da gibt es Fälle. Da war zum Beispiel ein Vater, Patriarch der Familie, seine Ehefrau war schon verstorben, zu dem kam immer am Mittwochnachmittag für zwei Stündchen eine Prostituierte, die er irgendwann heimlich geheiratet hat. Seine Kinder waren völlig entsetzt. Nicht nur, weil plötzlich eine neue Erbberechtigte da war. Für sie brach eine Welt zusammen.

Die wussten von nichts?
LINDEN: Nichts. Genauso wenig wie bei dem Fall, bei dem unerwartet Erben aus dem Ausland auftauchten. Der Verstorbene war im diplomatischen Dienst tätig gewesen und hatte in Übersee eine Zweitfamilie gegründet, Frau und Kinder waren jeweils rund 25 Jahre jünger als die deutsche Familie. Klar, so etwas ist ein Schock.

Werden Sie in solchen Konstellationen häufig als Mediatorin tätig?
LINDEN: Da geht es meistens eher um den rechtlichen Rahmen: Welche Ansprüche kann man hier noch realisieren? Mediation wird in solchen Fällen selten angefragt. Die Parteien an einen Tisch zu bekommen, ist meist nicht möglich.

Wie sind Sie in den geschilderten Fällen vorgegangen?
LINDEN: Ich habe erst einmal versucht, die rechtliche Situation zu klären, und habe dann nachgefragt, ob es denkbar wäre, die anderen Personen mit ins Boot zu holen. Bei den Familien des Diplomaten war das möglich, in der anderen Sache nicht. Da gab es nur eine rechtliche Klärung. Die neue Ehefrau war zur Hälfte erbberechtigt, die Kinder bekamen damit nur die Hälfte von dem, was sie sich vorgestellt hatten.

ACHTSAM (VER-)ERBEN

Mit der Situation mussten die Kinder dann leben ...
LINDEN: Von außen sieht man die Dinge ja automatisch etwas neutraler, als wenn man in der Situation emotional verfangen ist. Aus meiner Perspektive als Mediatorin stellte es sich so dar, dass der Vater sich mit der heimlichen Heirat nicht überraschend verhalten hat. Er hat sein ganzes Leben getan, wonach ihm der Sinn stand. Dass er auch in diesem Fall seine Angehörigen weder informiert noch Rücksicht auf deren Wünsche und Gefühle genommen hat, war im Grunde nicht verwunderlich.

Erleben Sie auch, dass Erblasser bewusst boshaft sind?
LINDEN: Was meinen Sie genau mit boshaft?

Zum Beispiel, ein Sohn hat eine Frau geheiratet, die der Erblasser ablehnt, mit der er nicht einverstanden ist. Und beim Erbe wird der Sohn dafür noch mal abgestraft.
LINDEN: Das kommt vor. Das Thema »späte Erziehungsmaßnahme« gibt es in vielen verschiedenen Variationen: Da ist ein Kind, das nicht die elterliche Firma übernehmen will. Oder es hat aus Sicht der Eltern die falsche Sexualität. Oder es stellt mit seinem Lebensentwurf den der Eltern infrage. Die Eltern bestrafen ihr Kind dafür, dass es nicht ihren Erwartungen entsprochen hat. Vielleicht haben sie sich für ihren Sohn eine künstlerische Karriere gewünscht, weil er ja so fantastisch begabt ist. Bleibt er am Ende ein brotloser Künstler, lassen die Eltern ihn noch beim Erbe spüren, wie enttäuscht sie sind. Das Geld geht stattdessen an die »brave« Tochter, die nun der Liebling ist. Da gibt es Abstrafungen, die für die Betroffenen wirklich bitter und kränkend sind. Die Strenge, die im Leben schon da war, setzt sich über den Tod hinaus fort.

ACHTSAM (VER-)ERBEN

Wenn ich als Kind eine Kugel Eis weniger bekommen habe als mein Bruder, zähle ich später beim Erbe doppelt genau nach?
LINDEN: Nein, das ist nicht nur die Kugel Eis. Es geht um das Empfinden, ob man eine ähnliche emotionale Zuwendung bekommen hat wie der Bruder oder die Schwester – oder nicht. Dass manche Kinder schon vor dem Tod der Eltern Werte übertragen oder geschenkt bekommen haben, möglicherweise hinter dem Rücken ihrer Geschwister, ist noch mal eine andere Geschichte. Da geht es um die Frage, ob die Eltern ihr Vermögen ausgeglichen verteilen oder ob sie ein Kind einseitig bevorzugen.

Wie gehen Geschwister damit um, wenn sie nach dem Tod ihrer Eltern feststellen, dass das Erbe ungerecht verteilt wurde?
LINDEN: Dazu gibt es keine pauschale Antwort. Entweder sagt derjenige, der mehr bekommen hat: »Der andere ist mir doch egal. Ich habe es eben geerbt.« Oder aber er sagt: »Das ist ungerecht.« Aber dazu gehört eine gewisse Größe. Das ist nicht selbstverständlich. Dass ein bevorzugtes Kind freiwillig fifty-fifty macht, ist mir als Mediatorin nicht oft untergekommen. In solchen Fällen werde ich eher als Anwältin angefragt, für das benachteiligte Kind wenigstens den Pflichtteil zu erkämpfen.

Worüber können sich Erben oft noch nicht einigen?
LINDEN: Es gibt häufig Klärungsbedarf, wenn es sich bei der Erbschaft um Gegenstände oder Immobilien handelt, die nicht so einfach wie Geld teilbar sind. Oder: Wenn ein Erbe in der Immobilie der Erbengemeinschaft wohnt, wie viel Miete muss er zahlen? Oder: Wie soll die Pflege der Eltern berücksichtigt werden? Da sieht das Gesetz aber inzwischen vor, dass ein Kind, das die Eltern gepflegt hat, einen Vorabbetrag aus dem Nachlass bekommt.

ACHTSAM (VER-)ERBEN

Wann wird häufiger gestritten – wenn der Erblasser ein Testament gemacht hat? Oder wenn die gesetzliche Erbfolge greift?
LINDEN: Ein Testament, das klar formuliert ist und die Bedürfnisse aller Beteiligten beachtet, ist in jedem Fall hilfreich und kann Streit vermeiden.

Um welche Gegenstände wird am erbittertsten gestritten?
LINDEN: Münzen, Möbel oder Gemälde, all diese Gegenstände sind meist nur Stellvertreter. Es geht fast immer um Befindlichkeiten. Ich würde die Frage anders formulieren: Welche Fragen kommen immer wieder auf den Tisch? Da geht es im Kern immer um dasselbe: Wer war Papas Liebling? Wer hat sich um die Eltern gekümmert? Wer hat dafür eigene Interessen aufgegeben? Ist das überhaupt gewürdigt worden innerhalb der Familie, dass einer sich kümmert und der andere nicht? Wie wurden die Enkel behandelt, wurden die einen bevorzugt, die andere nicht?

Sind Menschen heute stärker auf ihren Vorteil aus? Gucken sie genauer hin, dass sie nicht benachteiligt werden? Oder sind sie vielleicht im Gegenteil eher ein bisschen gelassener und großzügiger geworden?
LINDEN: Die Menschen sind seit Jahrtausenden gleich, sie haben sich schon immer ums Erbe gestritten. Fürchterliche Erbstreitigkeiten gibt es seit Menschengedenken. Es ist aber zu beobachten, dass das Bewusstsein wächst, dass es für alle schonender ist, wenn man vernünftig miteinander umgeht. Ich würde sagen: Der Wille, sich zu einigen, ist größer geworden.

Heute gibt es ja auch mehr zum Verteilen als früher.
LINDEN: Ja, man spricht nicht zu Unrecht von der Erbengeneration. Aber Emotionalität und Streit gibt es auch bei kleinem Erbe.

ACHTSAM (VER-)ERBEN

Was sind die Vorteile einer Erbmediation?
LINDEN: Mediationen können zu unterschiedlichen Zeitpunkten stattfinden. Es gibt zum einen die Möglichkeit, dass eine Familie vor dem Erbfall offen miteinander ins Gespräch kommen möchte. Das können aber nicht viele, weil Sterben in unserer Kultur immer noch ein großes Tabuthema ist. Auch die Bereitschaft offen über Vermögen und Einkünfte zu sprechen, ist in Deutschland nicht sehr ausgeprägt. Wenn die Familie trotzdem schon zu diesem frühen Zeitpunkt zum Gespräch in eine Mediation findet, führt das meistens zu einem tollen Ergebnis für alle. Und dann gibt es natürlich die Mediation nach einem Erbfall. Das heißt, die Kinder setzen sich mit dem Testament der Eltern auseinander und versuchen eine einvernehmliche Lösung zu finden. Das ist der häufigere Fall.

Was tun Sie, wenn die Parteien nicht mehr miteinander sprechen?
LINDEN: Der Wille, miteinander zu sprechen und sich zusammenzusetzen, muss von den Leuten ausgehen. Eine Mediation kann nicht aufgedrängt werden. Alles beruht auf Freiwilligkeit und der Bereitschaft zur Transparenz, also dass man auch mit Informationen offen umgeht.

Und wenn alle am Tisch sitzen?
LINDEN: Der erste Schritt ist, dass alle – unter meiner Anleitung – einander zuhören und sich gegenseitig aussprechen lassen. Eine solche Situation hat es für so manche seit Ewigkeiten nicht oder sogar noch nie gegeben. Über einen kleinen Plausch auf den Familientreffen hinaus gab es oft keinen Austausch. Eine Mediation bietet die Möglichkeit, dass man sich wirklich einmal zuhört, und das ist dann auch schon der erste wichtige Schritt zum Erfolg. Zu Beginn verhalten sich die Leute, wie sie es im bisherigen Umgang miteinander gewöhnt sind, vielleicht wenig interessiert aneinander, vielleicht ein wenig

herablassend oder schnell ungehalten, nicht unbedingt wertschätzend miteinander. Aber dann merkt doch einer auf: »Ach, was höre ich denn da?« Und da ist es die Aufgabe der Mediatorin, diesen Funken aufzugreifen und die Leute zu einem Perspektivwechsel einzuladen.

Wie gelingt das?
LINDEN: Zum Beispiel mit dem Vorschlag, doch einmal in die Schuhe des anderen zu steigen. »Wie wäre es, wenn Sie sich in der Situation Ihres Bruders befänden?« Mit diesem Schritt gewinnen alle Abstand zur eigenen starren Position. Es öffnet sich etwas. Es ist sehr wichtig, dass die Parteien überhaupt wieder Zugang zueinander finden, zu den verschiedenen Sichtweisen und den wahren Interessen. Ziel ist, die eigenen Positionen nicht mehr um jeden Preis verteidigt zu müssen, sondern die unterschiedlichen Interessen sehen zu können.

Noch einmal nachgefragt: Warum Mediation? Reicht nicht im Grunde eine juristische Klärung?
LINDEN: Wenn die Leute unter Anleitung gemeinsam eine eigene Vereinbarung erarbeiten, hat das eine andere Qualität. Findet eine wirkliche Verständigung statt, macht das die Einigung dauerhaft stabil und schafft im besten Fall sogar ein neues positives Verständnis von Familie. Basiert die Aufteilung des Erbes auf einem juristischen Urteil, verharren die Beteiligten im ungünstigen Fall auf immer und ewig in ihren starren Positionen, Frieden zieht vielleicht nie wieder ein, sondern Missgunst und Abwertung werden von einer Generation zur nächsten weitergereicht.

Wie lange dauert eine Mediation?
LINDEN: Das Ist sehr unterschiedlich. Es hängt von den Bedürfnissen der Beteiligten ab, aber natürlich auch von den Mediatoren. Ich persönlich bevorzuge ein konzentriertes und geradliniges Gespräch.

ACHTSAM (VER-)ERBEN

Gerade bei Familien-Mediationen gilt ja auch zu berücksichtigen, dass die Leute in der Regel an unterschiedlichen Orten wohnen. Von daher bietet es sich an, eine Einigung möglichst in einem Termin hinzukriegen. Das erfordert vor dem Termin eine intensive Vorbereitung von meiner Seite. Wenn es zum Beispiel um die Aufteilung eines Erbes geht, lass ich mir die Fakten vorab zukommen, so dass ich die nicht mehr im Gespräch zusammentragen muss und wir im Termin sehr schnell konkret werden können. Ich kann den Medianten mit meinem juristischen Know-how mediationsbegleitend sagen, welche Regelungen rechtlich gehen und was sich vielleicht gar nicht umsetzen lassen würde. Dabei verlasse ich dann schon mal den Weg der reinen Mediationstechnik. Wichtig ist, dass ich dabei immer eine parteilich, also unparteiisch bleibe. Für die militanten ist es natürlich oft hilfreich, wenn sie solche Informationen direkt bekommen können, damit ihre Vorstellungen von einer Regelung weitergeführt werden können und sie nicht erst noch extern Informationen einholen müssen. Wenn alle gut mitmachen und die Bereitschaft zum Gespräch anhält, dann dauert so eine Erbmediation zwischen zwei und fünf Stunden.

Sind Erbmeditationen schwieriger als Scheidungsmediationen?
LINDEN: Nein, sie sind anders. Bei der Scheidung sind Themen in einer persönlich sehr schwierigen Situation relevant: Kinder, die Nutzung des Familienheims, die Finanzierung der Familie in neuer Zusammensetzung. Wenn die Familie sich in einer Erbmediation an einen Tisch setzt, steht das Sprechen und Zuhören im Mittelpunkt. Es können all die Dinge, die häufig nur subjektiv empfunden worden sind, ausgesprochen und neu bewertet werden. Der Bruder sagt: »Du warst schon immer das Lieblingskind von der Mutter.« Und die Tochter sagt: »Ja, aber du hast dich auch nie gekümmert.« Wenn sie das mal sagen können und die Reaktion hierauf hören, entsteht ein neues

ACHTSAM (VER-)ERBEN

Verständnis für eingefahrene Situationen und das hilft beiden Seiten unglaublich weiter. Das ist das Fundament, auf dem eine vernünftige Lösung stehen kann. Das zu erleben, ist wirklich schön.

Können Sie ein Beispiel nennen?
LINDEN: Da war die Sache mit den Kölner Brüdern, beide etwa Mitte sechzig. Sehr emotional. Ich dachte am Anfang: »Um Himmels willen, das wird eine harte Nuss.« Ich habe sie teilweise nicht einmal richtig verstehen können, weil ihr kölscher Dialekt in ihrer Aufregung immer stärker wurde.

Was ist dann passiert?
LINDEN: Die haben sich erst einmal beschimpft ohne Ende, beleidigt und gezetert. Und die Ehefrauen der Brüder haben den Konflikt aus dem Hintergrund noch befeuert. Es war völlig verfahren. Vor Gericht hatte der Fall schon nicht geklärt werden können, von dort kam überhaupt der Vorschlag für eine Mediation. So nach und nach kamen dann die Enttäuschungen und Verletzungen auf den Tisch, wo sich wer wie und warum ungerecht behandelt gefühlt hat. Schritt für Schritt ging es vorwärts. »Ach, so hast du das erlebt? Hätte ich jetzt nicht gedacht.« Und so weiter. Am Ende gab es eine Regelung, mit der beide zufrieden waren. Sie lagen sich in den Armen und verabredeten sich für einen weiteren Austausch zu einem Glas Kölsch.

Ist ein Happy End der Normalfall?
LINDEN: Mediationen können wirklich sehr oft gut weiterhelfen. Aber es kann auch anders zugehen. In einer Situation mit vier Erben saßen alle mit am Tisch. Doch schon bald scherte einer aus und sagte: »Also mir reicht's jetzt. Ich steige aus.« Das kommt vor. Die Mediation war beendet. Oder eine Partei bricht die Sache ab, etwa weil Mediation

einem zu nahe kommt, so nach dem Motto. »Ich will so Psychokram nicht diskutieren.«

Worin unterscheidet sich Mediation von Therapie?
LINDEN: Die Mediation schaut in die Zukunft, bei ihr geht es nicht um die Aufarbeitung der Kindheit oder der Beziehungsprobleme. Auch wenn traumatische Erfahrungen mit Gewalt oder Missbrauch zum Thema werden, gebe ich die Sache sofort ab, damit die Menschen den professionellen Beistand bekommen, den sie benötigen. Dazu sind wir nicht ausgebildet. Aber es gibt natürlich Berührungspunkte. Das Drama, die Befindlichkeiten, die aus der Vergangenheit herrühren, spielen bei der Klärung einer Erbstreitigkeit oft eine Rolle. Aber der Blick ist bei einer Mediation nach vorn gerichtet. Das Ziel ist, eine tragfähige Lösung für einen konkreten Konflikt zu finden.

Kann diese auch anders aussehen, als der Erblasser es geplant hat? Darf man sich über den Willen des Erblassers hinwegsetzen?
LINDEN: Klar, wenn sich alle einig sind. Nehmen wir mal an, der Erblasser hat eine Teilungsanordnung vorgenommen: Die Tochter bekommt das Haus, der Bruder das Firmenvermögen. Der will aber gar nichts mit der Firma zu tun haben. Und die Tochter? Die möchte nicht an den Wohnort der Eltern ziehen. Die beiden Geschwister könnten dann zum Beispiel beschließen, Haus und Firma zu verkaufen und sich den Erlös zu teilen. Schwieriger wird es, wenn der Erblasser einen externen Testamentsvollstrecker eingesetzt hat und es im Testament ein Veräußerungsverbot gibt. Darüber können sich die Erben schwerer hinwegsetzen. Aber ansonsten können sie in einer Mediation einen Vertrag miteinander erarbeiten, der das Erbe vollkommen anders regelt.

Und kommt das häufiger vor?

ACHTSAM (VER-)ERBEN

LINDEN: Ja, das ist gar nicht so unüblich. Um es mal etwas anschaulich auszudrücken: Wenn es zum Nutzen aller ist, ist man dann doch gern bereit, ins Gespräch miteinander zu kommen. Das ist manchmal auch bei den boshaften Verfügungen, wie Sie es nannten, der Fall. Bewerten alle Erben die Situation ähnlich, finden alle die Verfügungen des Erblassers sinnlos, ungerecht und unangemessen, können sie sich im Einverständnis über dessen Wunsch hinwegsetzen.

Funktioniert Mediation auch mit nur einem Teil der Familie? Also, wenn nicht alle mitmachen wollen?
LINDEN: Ja, aber in dem Fall muss man den Erben, der nicht teilnehmen möchte, aus der Erbengemeinschaft rauskaufen. Das juristische Wort dafür ist Abschichtung. Das geht nur mit dem Einverständnis dieser Person. Ansonsten ist die Erbengemeinschaft nur gemeinsam handlungsfähig.

Gab es Fälle, wo Sie eine Mediation abgebrochen haben, weil überhaupt keine Einigung in Sicht war?
LINDEN: Ich habe schon Familien hier gehabt, da haben sich die Verwandten gesiezt. Das zeigt, wie verbockt man sein kann. Aber vorzeitig beendet habe ich noch nie eine Mediation. Wird es ganz schwierig, mache ich die Mediation selbst zum Thema. Da gehen wir noch mal einen Schritt zurück, versuchen zu klären, ob bei allen der Wille zur Einigung da ist und was es braucht, damit es weitergehen kann.

Wie teuer ist eine Mediation?
LINDEN: Es hängt davon ab, wie viele Beteiligte es sind und wie komplex die Vorbereitung ist. Mein Stundensatz liegt zwischen 200 und 300 Euro. Manchmal wird ein Mindesthonorar vereinbart.

ACHTSAM (VER-)ERBEN

Übernehmen Rechtsschutzversicherungen die Kosten?
LINDEN: Immer häufiger. Das muss man aber unbedingt vorher abklären. Manche Rechtsschutzversicherungen haben ein Limit, etwa maximal 3000 bis 4000 Euro. Andere orientieren sich daran, was ein Gerichtsverfahren gekostet hätte. Und manche sind zögerlich. Aber es ist zunehmend so, dass die Rechtsschutzversicherungen sehen, dass eine Mediation einen noch viel teureren Prozess vermeiden helfen kann, und sie deshalb einsteigen.

Wie verläuft eine Mediation, wenn sie vor dem Erbfall stattfindet? Beraten Sie den Erblasser, wie sich späterer Ärger verhindern lässt?
LINDEN: Als Mediatorin kann und will ich den Erblassern keine Entscheidungen aus der Hand nehmen. Wir können aber schauen, ob bereits Konflikte erkennbar sind, die sich ansonsten nach dem Erbfall zeigen würden. Ein Beispiel: Eine Familie, Mutter und Vater und drei Kinder in der Mediation. Schnell wurde deutlich, wer welche Rolle in dieser Familie einnimmt. Die Ehefrau sagte nichts und hielt sich zurück. Der Mann sprach und erklärte, dass er seinen Sohn enterben wolle. Er sagte in die Runde: »Der Sohn ist ein Versager. Er hat nichts anderes gemacht, als durch die Welt zu touren. Dann kommt er wieder nach Deutschland und setzt jetzt auf mein Geld? Nein!« Dieser Vater, der immer darauf bedacht war, dass seine Familie ein gutes Ansehen hat, alle mit ordentlichem Beruf, verharrte steif und starr in seiner Haltung.

Was tun Sie in solchen Augenblicken?
LINDEN: Ich habe das Gesagte paraphrasiert, ich wiederhole also, was gesagt worden ist, mit meinen Worten. Meine Zusammenfassung war allerdings etwas wertschätzender als die ursprüngliche Aussage des Vaters. Durch solche Wiederholungen spiegelt man das Gegenüber. Der Mann konnte so die Demütigung seiner eigenen Worte erkennen

und wahrnehmen. Allmählich brach seine unverrückbare Haltung auf. Und schließlich sind Vater und Sohn doch noch ins Gespräch gekommen. In einem weiteren Schritt musste noch das Misstrauen zwischen dem Bruder und den Schwestern abgebaut werden, weil die Schwestern aus der Sicht des Sohnes die Lieblinge der Eltern waren. Sie lebten nach deren bürgerlichen Vorstellungen, so wie der Vater es wollte. Es fand eine Annäherung statt und die Rückkehr von Vertrauen. Am Ende hat sich die Familie – anders als ursprünglich geplant – auf eine gleichmäßige Vererbung besonnen.

Wie kam es in diesem speziellen Fall überhaupt zu einer Mediation? Wer hatte Interesse daran?
LINDEN: Eine der Töchter hatte das angeregt. Sie wollte sich nicht erst nach dem Tod der Eltern mit ihrem Bruder streiten, sondern versuchen, das vorher zu regeln. Ihr Vater hat mich dann angerufen und gefragt, ob ich eine Mediation überhaupt für sinnvoll und notwendig erachte, hat sich aber darauf eingelassen, was ein großer erster Schritt war. Es ist wichtig, dass die Leute sich selber für die Mediation entscheiden und nicht nur von der Familie mitgeschleppt werden.

Die Tochter hat mit ihrem Vorschlag zur Mediation die väterliche Rollenzuschreibung, nämlich, dass der Sohn der Versager ist, infrage gestellt.
LINDEN: Die Tochter hatte die gute Idee – und hat ihrem Bruder und der Beziehung zu ihm damit einen guten Dienst erwiesen. Es war aber auch für sie selber sehr entlastend. Ihr Selbstverständnis war: »Ich habe nichts getan. Ich kann ja nichts dafür, dass ich der Liebling der Eltern bin.« Allein schon mit ihrer Initiative, miteinander in die Mediation zu gehen, hat sie einen wichtigen Schritt heraus aus den ewig gleichen Mechanismen der Familie getan.

ACHTSAM (VER-)ERBEN

Was macht eine gute Mediatorin aus, welche Qualitäten braucht man?
LINDEN: Empathie, zuhören können, ausreden lassen und aufmerksam sein. Und die Fähigkeit strukturieren zu können, ist wichtig, um zu tragfähigen Ergebnissen zu kommen.

Wie gehen Sie damit um, dass Ihnen von den Klienten und Klientinnen mitunter bestimmte Rollen übertragen werden, etwa die der Richterin, der Verbündeten, des gütigen Vaters oder der strafenden Mutter? Erkennen Sie solche psychodynamischen Prozesse immer sofort? Und wie schaffen Sie es dann in der Mediatorinnen-Rolle zu bleiben?
LINDEN: Wenn ich merke, dass solche Erwartungen an mich im Raum stehen, stelle ich umgehend meine Rolle als Mediatorin klar und erinnere daran, dass die Medianten selbst zu einer Lösung gelangen sollten.

Welche Techniken wenden Sie zur Konfliktlösung an?
LINDEN: Zunächst lade ich die Personen ein, ihre Situation zu schildern und die Themen zu benennen, die für sie wichtig sind in dem Gespräch. Ich frage nach, fasse das Gehörte mit meinen Worten zusammen. Das nennt man paraphrasieren. Der nächste Schritt ist, herauszuarbeiten, was hinter den Positionen steckt, die die Beteiligten benannt haben. Welche Bedürfnisse, welche Ängste und Sorgen sind das? Was bedeutet das Erbe für sie? In dieser Phase fällt allen Beteiligten die Perspektivübernahme in der Regel schon viel leichter, das Verstehen beginnt. Dann kommt die Phase der Ideenfindung, das Brainstorming. Es ist manchmal schon verrückt, was für eine Zündwirkung das hat, was für Ideen dabei herauskommen – auch wenn sie am Ende vielleicht nicht alle realisierbar sind. Wie wird der Zankapfel Wohnwagen aufgeteilt? Wir machen Carsharing oder, oder

... Die Atmosphäre löst sich in dieser Phase, vielleicht kann man darüber lachen. Das ist immer das Beste. Am Ende werden die Ideen gefiltert und ein Konsens liegt frei.

Und wie halten Sie es persönlich? Haben Sie Ihr Erbe geregelt?
LINDEN: Ja, tatsächlich.

Mit einer Mediation?
LINDEN: Nein (lacht). Das war nicht nötig. Aber die Ideen der Mediation haben mir durchaus schon in persönlichen Situationen geholfen. Vor allem ist es hilfreich, aus den erlernten und gelebten Schemata auszusteigen. Ein kleines, aber typisches Beispiel: Meine Tante hatte bei jedem Besuch etwas an meinem Haushalt herumzumäkeln. Früher bin ich innerlich jedes Mal an die Decke gegangen, es war wie immer: Sie kritisiert, ich kusche, mach es so, wie sie meint, dass es richtig sei, und knicke ein. Das war das Schema zwischen uns. Seit der Ausbildung zur Mediatorin sage ich ihr zum Beispiel völlig ruhig, dass ich einen chaotischen Haushalt liebe oder mit Wonne Verfärbungen am Spülbecken studiere und anderen Unsinn. Kurzum: Der Mechanismus funktioniert nicht mehr, das Schema ist durchbrochen, und meine Tante hat gar kein Bedürfnis mehr nach Kritik, wir beide mehr Genuss am Zusammentreffen. Wie sagt man zum Erfolg einer Mediation? Win-Win.

<u>**Dorothée Linden**</u> (Jg. 1962) ist Rechtsanwältin und Mediatorin in Köln. Ihre Schwerpunkte: Familien-, Sozial- und Erbrecht. Sie hält regelmäßig Vorträge zu familien- und erbrechtlichen Themen. Zudem ist sie Mitorganisatorin und Expertin der Erbinnenkonferenz »Mut zu Vermögen«, lindenundmosel.de

ACHTSAM (VER-)ERBEN

ACHTSAM (VER-)ERBEN

»Es gibt Dinge, die sollen mit ins Grab gehen«

Sich den eigenen Schmerz von der Seele schreiben, hat eine heilsame Wirkung. Aber nicht alles muss mit der Nachwelt geteilt werden. Die Schreibpädagogin **Kirsten Alers** lehrt biografisches Schreiben an der Alice-Salomon-Hochschule in Berlin und veranstaltet seit vielen Jahren Schreibwerkstätten für interessierte Laiinnen und Laien.

ACHTSAM (VER-)ERBEN

Frau Alers, ein Erbe kann vieles sein. Materielles wie ein Haus, Schmuck oder Aktien. Es können aber auch Dinge sein, die vor allem einen emotionalen Wert haben, etwa persönliche Aufzeichnungen.
ALERS: Ja, viele Menschen, die zu mir in meine Schreibwerkstätten kommen, haben das vorrangige Bedürfnis, autobiografisch zu schreiben, auf diese Weise etwas zu hinterlassen, ihr Leben noch einmal schreibend zu betrachten. Sie wollen ihren Nachkommen, ihren Kindern und Enkelkindern eine Art immaterielles Erbe vermachen, einen ganz persönlichen Lebensrückblick. Sie möchten nicht nur ihr Vermögen, sondern auch ihre Gedanken und Erfahrungen weitergeben. Das autobiografische Schreiben ist ja eine ganz intensive Beschäftigung mit sich selbst. Es ist eine Möglichkeit, sich Schmerzen und Trauer von der Seele zu schreiben, Vergangenes zu verstehen, schwere Themen zu verarbeiten. Wir können so begreifen, wie wir der Mensch geworden sind, der wir jetzt sind. Und diese Erkenntnisse möchten viele gerne mit denjenigen, die ihnen etwas bedeuten, teilen.

Schreiben die Menschen also oft eher für andere als für sich selbst?
ALERS: Das ist sehr, sehr unterschiedlich. Oft ist der erste Impuls: Ich will etwas festhalten für meine Kinder und Enkel. Aber das ändert sich dann häufig im Laufe des Prozesses. Die Menschen beginnen, ihr Leben zu reflektieren, und nutzen das Schreiben für persönliches Wachstum und zur Reifung. Für viele Frauen, die zu mir in die Schreibwerkstätten kommen, vor allem für jene, die lange in traditionellen Geschlechterverhältnissen lebten, zum Teil regelrecht festsaßen, ist es auch ein Weg, sich da rauszuschreiben. Ein bisschen zumindest. Andere schreiben zur Entlastung, wenn sie Schlimmes erlebt haben. Die Aufzeichnungen sind dann ein Weg, das Geschehene noch mal in Ruhe zu betrachten, zu verarbeiten, vielleicht zu heilen.

ACHTSAM (VER-)ERBEN

Gerade in den letzten Jahren ist das Interesse am autobiografischen Schreiben stark gestiegen?
ALERS: Ein Grund ist vielleicht die zunehmende Beschäftigung mit philosophischen Identitätsfragen: Woher komme ich? Wer bin ich? Wohin gehe ich? Solche Fragen treiben die Menschen eigentlich schon immer um – mehr oder weniger stark. In der postmodernen, globalisierten Welt, in der das Leben stärker denn je von Brüchen gekennzeichnet ist, wo herkunftsfamiliäre Strukturen und Sicherheiten nicht mehr ein ganzes Leben gelten, ist das Bedürfnis, sich mit der eigenen Geschichte zu befassen, aber größer – und auch notwendiger denn je. Den roten Faden im Leben, den suchen wir schreibend.

Gibt es bestimmte auslösende Momente oder Ereignisse, um mit dem autobiografischen Schreiben zu beginnen?
ALERS: Typisch sind Krisen- oder Umbruchsituationen. Also zum Beispiel, wenn die Familienphase zu Ende geht, die Kinder aus dem Haus sind. Oder beim Übergang von der Berufstätigkeit in den Ruhestand, nach einer Trennung oder wenn ein naher Angehöriger gestorben ist. Oder man selbst schwer erkrankt ist. Aber auch bei freudigen Ereignissen, etwa wenn ein Enkel geboren wird. Meist sind es Menschen, die die Mitte des Lebens bereits überschritten haben, die sich für das autobiografische Schreiben entscheiden.

In der Rückschau neigen wir dazu, Dinge schönzureden, gerade den Kindern oder dem Partner gegenüber. Sind wir dem Papier gegenüber ehrlicher? Weil es neutral bleibt, keine Vorwürfe macht, nicht anklagt, nicht enttäuscht ist?
ALERS: Das hängt davon ab, was ich möchte: Meine ich es ernst damit, Rechenschaft ablegen zu wollen? Will ich wirklich ehrlich zu mir sein, auch wenn es Dinge gibt, über die ich heute denke: Wie konntest du nur? Wo Scham hochkommt. Zu dem, was dann da schwarz auf weiß

in abstrakter Form sozusagen auf dem Papier steht, kann ich in ein gewissermaßen distanziertes Verhältnis treten und mir damit tatsächlich helfen, mich den unangenehmen Gefühlen zu stellen und anzuerkennen: Das ist nicht mehr rückgängig zu machen. Das ist jetzt so, damit muss ich leben. Das bin ich. Diese Distanz kann man noch verstärken, indem man in der dritten Person von sich schreibt. Auch das erzeugt einen Abstand, der es leichter macht, mit problematischen Ereignissen oder einst getroffenen Entscheidungen umzugehen.

Sind Menschen, die sich für autobiografisches Schreiben entscheiden, eher geneigt, sich ihre Schattenseiten anzuschauen?
ALERS: Wenn sie das autobiografische Schreiben wirklich ernst nehmen, dann kommen sie um ihre dunklen Seiten nicht herum. Sie müssen bereit sein, von ihrem inneren Heiligenbild ein Stück weit abzurücken. Aber man kann die eigenen Schwächen natürlich auch reflektieren, ohne zu schreiben. Also ich kenne auch Menschen, die nicht schreiben und sich intensiv ihren Schattenseiten stellen.

Aber autobiografisches Schreiben kann dabei helfen?
ALERS: Auf jeden Fall. Ich erinnere mich an die berührende Geschichte einer Teilnehmerin. Sie kam aus einem kleinen Dorf in der Rhön, vom Bauernhof, und hatte sich von ihrer Herkunftsfamilie komplett abgelöst. Sie war in jungen Jahren von dort weggezogen und ganz bewusst in die Abgetrenntheit gegangen. Während des Schreibens hat sie darüber noch einmal reflektiert und erkannt, dass es richtig so war, auch wenn es schmerzhaft war. Die Teilnehmerin hatte Krebs und ist kurz danach gestorben. Für sie hatte das Schreiben eine kathartische Wirkung.

Es braucht wahrscheinlich Zeit, um zu diesem Punkt zu kommen?

ACHTSAM (VER-)ERBEN

ALERS: Das ist meist so. Dafür reicht selten ein Wochenend-Workshop. Da muss man schon ein bisschen dranbleiben. Die meisten, die zu mir in die Schreibwerkstatt kommen, bleiben mindestens vier, fünf Jahre. Einige sind 25 Jahre dabei. Wenn die Teilnehmenden nach den ersten Treffen ihre Scheu verloren haben, dann lassen sie wirklich los und überlassen sich dem Schreiben. Ich habe auch Menschen in den Kursen, die mir rückmelden, dass sie ohne die Schreibwerkstatt ihre Trennung und das Auseinanderbrechen der Kleinfamilie so nicht überstanden hätten.

Warum fällt autobiografisches Schreiben in der Gruppe leichter?
ALERS: Viele Teilnehmende empfinden die Gruppensituation als inspirierend und erleichternd. In dem geschützten Raum der Gruppe haben schon viele etwas loswerden oder bearbeiten können. Sie haben sich noch mal ihre Kindheit angeguckt, konnten sich vielleicht davon abgrenzen und ihren Frieden damit finden, dass ihr Lebensweg anders verlaufen ist, als von den Eltern für sie vorgesehen war. Manche haben Dingen preisgegeben, die sie den eigenen Kindern oder der eigenen Familie möglicherweise noch nie mitgeteilt haben. Es ist gut, einen Platz zu haben, der es einem ermöglicht, belastende Erfahrungen oder tabuisierte Anteile von sich zu zeigen, die im familiären Umfeld vielleicht zu Verwerfungen führen würden. Das ist ein toller Nebeneffekt der Schreibwerkstätten.

Hat biografisches Schreiben tatsächlich eine heilsame Wirkung auf die Seele?
ALERS: Die Wissenschaft sagt ja. Es gibt verschiedene Studien, die den therapeutischen Effekt bestätigen. Silke Heimes, Germanistin, Poesietherapeutin und Ärztin für Psychiatrie, hat in ihrem Buch »Ich schreibe mich gesund« dazu einiges zusammengetragen. Schreiben kann zur Stärkung des Immunsystems beitragen und depressive

Verstimmungen vermindern. Die subjektive Lebensqualität steigt. Und es gibt eine ganze Reihe von Krankheitsbildern, bei denen positive Effekte beobachtet wurden, angefangen von Krebs über Asthma, HIV bis hin zu Herzerkrankungen. In den angloamerikanischen Staaten und in Skandinavien ist Schreiben als kunsttherapeutische Methode längst etabliert. Dummerweise hat sich das im deutschen Gesundheitssystem noch nicht so richtig rumgesprochen.

Musik- oder Tanztherapie werden zum Teil von den Krankenkassen erstattet, aber Schreibtherapie nicht?
ALERS: In der Regel nicht. Es ist notwendig, über Institutionen zu gehen. Zwei ehemaligen Studentinnen vor mir ist es jetzt gelungen, an einer Berliner Klinik ihr Kurskonzept zu etablieren, in dem Menschen mit Krebserkrankungen schreibtherapeutisch begleitet werden. Ich selbst habe über einen Förderverein in einer onkologischen Reha-Einrichtung einen Workshop angeboten.

Wie genau wirkt das Schreiben auf die Gesundheit?
ALERS: Wie bei allen künstlerischen Therapien geht es darum, die Selbstheilungskräfte zu aktivieren und das Gefühl der Selbstwirksamkeit zu stärken. Das kreative und expressive Tun kann eine große Kraftquelle sein und belastenden Stress reduzieren. Das ist etwas ganz anderes, als wenn ich eine Pille schlucke. Biografisches Schreiben kann mir helfen, mein Leben zu verstehen und auch negative Ereignisse zu integrieren. Zur Salutogenese, die diesem Ansatz zugrunde liegt, gehört das Gefühl der Kohärenz. Das heißt, wenn ich verstehe, was mir widerfährt, und wenn ich im Widerfahrenen Bedeutsamkeit, Sinn erkennen kann, dann entsteht auch die Sicherheit, es handhaben zu können. Und das unterstützt sehr die Widerstandskraft.

ACHTSAM (VER-)ERBEN

Die Pathogenese erklärt, was uns krank macht, die Salutogenese, was uns gesund hält oder das Wohlbefinden wieder verbessert?
ALERS: Richtig, das Modell der Salutogenese hat der amerikanisch-israelische Soziologe Aaron Antonovsky in den 1970er-Jahren entwickelt. Hierbei wird dazu geforscht, wie Menschen trotz äußerlicher Risikofaktoren gesund bzw. stabil bleiben und wie sich in der Praxis die Gesundheit des Einzelnen fördern lässt.

Gibt es beim Schreiben auch Risiken?
ALERS: Auf jeden Fall. Autobiografisches Schreiben ist nicht ungefährlich. Ich kann mich sogar in eine Re-Traumatisierung hineinschreiben. Es kann passieren, dass Dinge hochkommen, mit denen ich dann nicht mehr umgehen kann. Das ist auf jeden Fall zu beachten. Ich nehme mal ein Beispiel: Eine Frau ist vergewaltigt worden, in einer bestimmten Stadt, in einem ganz bestimmten Park, an einer ganz bestimmten Stelle. Das Ganze ist aber schon 30 Jahre her und sie hat es komplett verdrängt. Wenn diese Frau nun beispielsweise anfängt über den Park zu schreiben, sich in die Zeit von damals hineinversetzt und den Ort vor ihrem inneren Auge wieder aufleben lässt, dann kann es sein, dass sie sich in die Situation reinschreibt – und plötzlich erlebt sie die Vergewaltigung ein zweites Mal. Deswegen sage ich immer, wenn man beim Schreiben merkt, es geht zu tief, dann bitte stoppen. Dann lieber den Stift hinlegen oder über etwas anderes schreiben. Aber dass sich Menschen beim Schreiben retraumatisieren, ist extrem selten. In der Regel ist Schreiben hilfreich. Die Leute schreiben sich eher aus belastenden Situationen hinaus als in sie hinein.

Wie reagieren eigentlich Angehörige, wenn sie die autobiografischen Aufzeichnungen lesen. Bekommen Sie da manchmal Reaktionen mit?

ALERS: Eher selten. Ich weiß von einer Teilnehmerin, die Dokumente aus ihrer Herkunftsfamilie zusammengestellt und zu jedem Teil selbst ein kleines Stück geschrieben hat. Diese Sammlung hat sie dann vervielfältigt und an ihre Geschwister und Kinder verschenkt. Das wurde sehr wertgeschätzt. Es war so eine Art Aufarbeitung der größeren Familiengeschichte. Es ging nicht nur um ihre eigene Biografie, sondern auch um die Geschichte ihrer Eltern und Großeltern.

Wenn ich mit dem biografischen Schreiben anfangen möchte, wie kann ich starten?
ALERS: Für den Anfang, wenn jemand noch nicht so viel geschrieben hat, gibt es ein paar ganz einfache Übungen. Zum Beispiel Listen anfertigen: über die Orte meines Lebens, über meine Sommerkleider, über Personen, die wichtig für mich waren, über Lieblingsessen – von der Kindheit bis heute. Listen sind eine super Sammeltechnik. Und im nächsten Schritt kann ich zu den einzelnen Punkten kleine Texte schreiben. Ich kann zum Beispiel über die kratzenden, nie richtig sitzenden, fürchterlichen Strumpfhosen in den 60er-Jahren schreiben. So hat man sofort kleine Anfänge für autobiografische Texte. Listen sind auch gut, um die eigenen Erinnerungen überhaupt erst mal wieder zu aktivieren. Ich kann sie als Steinbruch benutzen, aus dem ich mich bediene, wenn ich mich zu einem Detail meines Lebens hingearbeitet habe.

Was ist noch wichtig?
ALERS: Sich überhaupt erst mal klarzumachen: Worüber will ich eigentlich schreiben? Wie kriege ich die verschiedenen Aspekte meines Lebens unter einen Hut? Einmal kann ich thematisch vorgehen, also verschiedene Cluster bilden. Oder ich gehe chronologisch vor. Ich kann zum Beispiel einen Zeitstrahl anfertigen, auf dem ich die

bedeutsamen Ereignisse festhalte, die High- und Lowlights meines Lebens. Und dann bekomme ich eine schöne Kurve, die Geburt eines Kindes, die Trennung vom Partner. Man kann auch eine Wäscheleine spannen und immer wieder Stichworte zu einzelnen Episoden mit einer Klammer dranheften.

Ich muss also nicht bei der Geburt anfangen?
ALERS: Ach du liebe Güte, nein, das würde ich niemals empfehlen. Von Tag eins an sich vorzuarbeiten und das ganze Leben nacherzählen – das hält keiner durch, das ist viel zu viel. Und vor allem: Wer will das lesen? Wenn ich episodisch arbeite, fällt das Anfangen leichter, und ich komme schneller zu ersten Ergebnissen. Das motiviert. Ich brauche zu Beginn kein umfassendes Konzept. Ich starte, wo ich will, und kann den Prozess des Schreibens erst mal genießen. Und wenn ich dann vielleicht 15 Episoden habe, kann ich anfangen zu sortieren.

Viele Menschen haben das Problem, dass sie sich nur noch grob und schemenhaft an viele Ereignisse erinnern. Was kann man da tun?
ALERS: Mein Tipp ist, über das Sinnliche zu gehen. Über Gerüche und Geschmack können wir uns am weitesten zurückerinnern. Riechen ist menschheitsgeschichtlich der älteste Sinn. Man kann zum Beispiel versuchen, sich zu erinnern, wie es damals in dem Treppenhaus gerochen hat. Bei mir reicht es, dass ich das Wort Treppenhaus ausspreche, schon habe ich den Geruch in der Nase. Und dann kommen ganz automatisch die Bilder dazu in den Kopf. Oder ich versuche, mich an den Geschmack der Pfannkuchen zu erinnern, die meine Oma immer für uns gebacken hat. Oder wie ich Bögelchen und Schleifchen mit dem Griffel auf der Schiefertafel schrieb. Über sinnliche Eindrücke kann ich mich am allerbesten in die Vergangenheit katapultieren, wenn ich biografisch schreiben will. Das funktioniert auch mit Fotoalben oder mit Gegenständen aus der jeweiligen Zeit.

ACHTSAM (VER-)ERBEN

Wenn ich noch ein altes Kleid von damals habe, und sei es noch so fadenscheinig – sobald ich es in die Hand nehme, weiß ich sofort wieder, zu welchen Gelegenheiten ich es anhatte. Da kommt oft ganz viel wieder hoch.

Wie kann ich meine Erinnerung noch aktivieren?
ALERS: Sehr effektvoll ist serielles Schreiben. Ich beginne jeden Satz oder Absatz mit der gleichen Floskel. Also zum Beispiel: »In meiner Jugend war ich oft einsam. In meiner Jugend habe ich viel Musik gehört. In meiner Jugend …« Also immer nur diesen einen Halbsatz vervollständigen. Und wenn ich das mindestens 20-mal mache, dann lande ich irgendwann bei einer bestimmten Thematik. Bleiben wir beispielsweise mal bei den Kleidern meines Lebens. Dann bin ich irgendwann bei den Kleidern aus den 60er-Jahren, bei den Farben, den Mustern aus der Zeit, dem kratzigen Stoff, den Schnittmustern der Oma. Die Liste wird immer detaillierter, immer sinnlicher und persönlicher. Die permanente Wiederholung hat den Effekt einer Selbstsuggestion und hilft, in die Vergangenheit einzutauchen. Und die Wiederholung regt dazu an, beim Erinnern unterschiedliche Aspekte zu sehen, immer feiner zu differenzieren und vielleicht ganz bewusst zwischen belastenden und positiven Erinnerungen zu wechseln. Solche Übungen sind gute »Öffner« für Menschen, die noch nicht so schreiberfahren sind. Ich mache auch wahnsinnig gerne Impulsübungen.

Impulsübung, was kann ich mir darunter vorstellen?
ALERS: Also nehmen wir mal an, es ist der 1. November, dann stelle ich zum Beispiel in meinen Schreibwerkstätten ein zugedecktes Grablicht auf den Tisch. Wenn alle angekommen und zur Ruhe gekommen sind, dann decke ich es auf und jede schreibt drauflos, was ihr dazu einfällt. Eine Viertelstunde lang. Es gibt keine weiteren

ACHTSAM (VER-)ERBEN

Vorgaben. Und hinterher lesen wir uns unsere Aufzeichnungen gegenseitig vor. Das ist sehr interessant, jede hat so ihre eigene Assoziation zu so einem Ding. Es gibt aber auch noch viele andere experimentelle Schreibübungen. Zum Beispiel Texte, in denen alle Wörter mit dem gleichen Buchstaben beginnen. Darin liegt ebenfalls eine große Kraft.

Welche Textform eignet sich fürs biografische Schreiben?
ALERS: Ich kann die Briefform wählen. Wenn ich bereits entschieden habe, für wen ich schreibe, wem ich meine Texte hinterlassen möchte, dann kann ich die Briefe direkt an die- oder denjenigen adressieren. Oder ich arbeite personenzentriert. Ich kann zum Beispiel über dreizehn Personen schreiben, die mich während meines Lebens geprägt haben. Ich kann auch sehr nah bei mir bleiben und »13 Ansichten einer Rebellin« oder »17 Ansichten einer Mutter« verfassen. Die Autorin Christine Brückner hat in ihrem Buch »Wenn du geredet hättest, Desdemona« ungehaltene Reden berühmter Frauen aufgeschrieben. Von Christiane von Goethe bis Gudrun Ensslin, alle Reden sind frei erfunden und doch hochspannend. So etwas kann ich auch mit mir selber machen, mich quasi in verschiedenen Rollen auf eine Bühne stellen.

Viele denken bei einer Schreibwerkstatt vermutlich zunächst an Romane?
ALERS: Literarisierung ist beim autobiografischen Schreiben auch eine wichtige Methode. Ich kann mein Leben als Märchen aufschreiben. Als »Hans im Glück«, »Rotkäppchen« oder »Aschenputtel«, je nachdem, mit welcher Märchenfigur ich mich verwandt fühle. Das kann heilsam und entlastend sein, weil ich dann vielleicht noch einmal eine andere Art von Sprache finde, um mit den eigenen Widersprüchen und Ungereimtheiten umzugehen. Also, was sind die Schattenseiten von

Rotkäppchen? Warum ist sie blöderweise alleine in den Wald gegangen? Ich kann mein Leben auch als Schiffsreise beschreiben, als Himalaja-Expedition oder als Reise eines Höhlenforschers. Bin ich eine Heldin? Oder sehe ich mich als Nobody? Schon das Nachdenken darüber, welche Figur, welche Rolle für mich und mein Leben passen könnten, ist inspirierend und aufschlussreich.

Einmal andersherum gedacht, was will ich als Nachgeborene eigentlich lesen?
ALERS: Ja, was will ich lesen? Es kommt sicherlich darauf an, was ich schon weiß. Ich persönlich würde zum Beispiel ungern noch mal die ganze Biografie meiner Eltern lesen wollen, denn viele der Geschichten habe ich schon oft gehört, ich bin mit ihnen vertraut. Schlüsselerzählungen hingegen würden mich sehr interessieren. Was waren stabilisierende, großartige Erlebnisse, Highlights in deinem Leben? Genauso wie: Was waren wirklich schmerzhafte Brüche und wie haben sie sich für dich ausgewirkt?

Mein Vater ist zum Beispiel im Ruhrgebiet aufgewachsen und mit zehn Jahren während des Krieges mit seiner Mutter und Schwester nach Süddeutschland evakuiert worden. Dort hatte er einen Gemüsegarten angelegt, damit die Familie etwas zu essen hatte. Er hat mit zehn Jahren richtig einen Plan entwickelt, wo was wachsen sollte. Diesen Plan gibt es sogar noch, der hängt bei meinen Eltern zu Hause an der Wand. Solche Schlüsselerlebnisse meine ich, über die ich gerne mehr wissen würde.

Auch würde ich mich als Erbin gern noch mal beim Hören oder Lesen fragen: Welches Erbe will ich antreten, das in meinen Herkunftsfamilien tradiert wurde, welches ablehnen oder umwandeln: das bildungsbürgerliche, das evangelisch-strebsame, die Debattenkultur? Komplett unwichtig wäre für mich die Vollständigkeit.

ACHTSAM (VER-)ERBEN

Manchmal findet man Aufzeichnungen von Verstorbenen, alte Tagebücher beispielsweise, und weiß gar nicht, ob der- oder diejenige sie wirklich für die Nachwelt hinterlassen hat. Wie geht man damit um? Wie geht man mit der Intimsphäre eines Verstorbenen um?

ALERS: Das ist natürlich eine ganz persönliche Entscheidung. Wenn ich wirklich mit der Absicht eines emotionalen Erbes schreibe, dann lege ich die Aufzeichnungen in der Regel irgendwo hin, wo sie gefunden werden, oder schreibe den Ort sogar in mein Testament hinein. Wenn ich aber als Hinterbliebene irgendwo in einer dunklen Schrankecke ein Tagebuch des Verstorbenen finde, ist es schon schwieriger zu entscheiden, ob das für die Nachwelt bestimmt war.

Wie würden Sie entscheiden?
ALERS: Ich schreibe jeden Tag Tagebuch, ach, seit vielen, vielen Jahren schon. Ich habe tatsächlich schon überlegt, dass ich die Hefte irgendwann verbrennen muss. Ich will doch überhaupt nicht, dass mein Sohn das alles liest. Tagebücher sind in vielen Fällen, und so auch bei mir, etwas Vorläufiges und Privates. Oft sind die Aufzeichnungen ja gerade nicht für andere gedacht, sondern nur für einen selbst. Andererseits denk' ich mir, okay, warum eigentlich nicht? Dann bekommt mein Sohn ein vielfältiges, differenzierteres Bild von mir. Aber er kann mich damit nicht mehr konfrontieren. Er ist damit alleingelassen. Will ich ihm das wirklich zumuten? Ich bin noch unentschieden. Es gibt eben auch Dinge, die mit ins Grab gehen sollten …

Kirsten Alers (Jg.1960) ist Diplom-Pädagogin, Literacy Manager und praktizierende Schreibpädagogin seit 1993. Sie ist Vorstandsmitglied im Segeberger Kreis (Gesellschaft für Kreatives Schreiben e.V.) und verfasst zudem wissenschaftliche Texte über kreatives Schreiben, etwa »Schreiben wir! Eine Schreibgruppenpädagogik« (Schneider Verlag), wortwechsel-kaufungen.de

<u>Bücher, die zum autobiografischen Schreiben inspirieren können</u>

Cameron, Julia (2009): **Der Weg des Künstlers. Ein spiritueller Pfad zur Aktivierung unserer Kreativität.** München: Knaur

Goldberg, Natalie (2003): **Schreiben in Cafés.** Berlin: Autorenhaus-Verlag

Heimes, Silke (2008): **Kreatives und therapeutisches Schreiben.** Göttingen: Vandenhoeck Ruprecht

Ortheil, Hanns-Josef (2014): **Schreiben über mich selbst.** Mannheim/Zürich: Dudenverlag

Platsch, Anna (2014): **Schreiben als Weg.** Von der kreativen Kraft des Wortes. Bielefeld: Theseus

Schenk, Herrad (2009): **Die Heilkraft des Schreibens.** Wie man vom eigenen Leben erzählt. München: C. H. Beck

Werder, Lutz von (1996): **erinnern, wiederholen, durcharbeiten. Die eigene Lebensgeschichte kreativ schreiben.** Milow: Schibri-Verlag

<u>Literarische Autobiografien</u>

ACHTSAM (VER-)ERBEN

Simone de Beauvoir: **Memoiren einer Tochter aus gutem Hause** (rororo). Mit unbedingter Aufrichtigkeit erzählt eine der klügsten Frauen des 20. Jahrhunderts die Geschichte ihrer Jugend bis zur Begegnung mit Jean-Paul Sartre.

Doris Dörrie: **Leben, Schreiben, Atmen** (Diogenes). Schreiben heißt für Doris Dörrie, das eigene Leben bewusst wahrzunehmen. Wirklich zu sehen, was vor unseren Augen liegt. Oder wiederzufinden, was wir verloren oder vergessen haben. Es ist Trost, Selbstvergewisserung, Anklage, Feier des Lebens. Die Autorin denkt über das autobiografische Schreiben nach, gibt Tipps und kreative Anleitungen. Und erzählt hinreißend ehrlich von ihrem eigenen Leben.

Annie Ernaux: **Die Scham** (Bibliothek Suhrkamp). Juni 1952, die kleine Annie ist zwölf Jahre alt. Eines Sonntagnachmittags geschieht etwas Entsetzliches – ohnmächtig muss sie miterleben, wie der Vater die Mutter umzubringen versucht. Nach kurzer Zeit beruhigt sich der Vater, und Annie versucht, den Eklat zu vergessen. Bis sie, nahezu ein halbes Jahrhundert später, auf ein altes Foto stößt, das eine Flut von Erinnerungen auslöst. Aber was genau ist damals geschehen? Und wie ist es dazu gekommen?

Imre Kertész: **Roman eines Schicksallosen** (Rowohlt). Der Ungar Imre Kertész (1929–2016) wurde 1944 als 14-Jähriger nach Auschwitz und Buchenwald deportiert. In seinem »Roman eines Schicksallosen« hat er diese Erfahrung auf außergewöhnliche Weise verarbeitet.

Ruth Klüger: **weiter leben** (dtv). Mit sieben Jahren durfte sie auf keiner Parkbank mehr sitzen. Mit elf kam sie in ein KZ. Die österreichisch-amerikanische Literatur-wissenschaftlerin und Schriftstellerin Ruth

ACHTSAM (VER-)ERBEN

Klüger (1931–2020) erzählt in »weiter leben« ihre Kindheit und Jugend in Wien, Theresienstadt und Auschwitz.

Karl Ove Knausgård: **Sterben, Lieben, Spielen, Leben, Träumen, Kämpfen** (Luchterhand). Der Norweger wurde 1968 geboren, die Romane seines autobiografischen Projektes wurden weltweit zur Sensation. In »Sterben«, dem ersten Roman der sechsbändigen Serie, nähert er sich seinem schwierigen Verhältnis zum Vater, das ihn grundlegend geprägt hat. Als dieser stirbt und er sich mit seinem Bruder daran macht, den Nachlass zu ordnen, bietet sich beiden ein Bild des Grauens. Während sie das Haus reinigen und die Beerdigung vorbereiten, kommen Erinnerungen hoch.

Hanns-Josef Ortheil: **Die Erfindung des Lebens** (Luchterhand). Es ist die Geschichte eines Mannes von seinen Kinderjahren bis zu seinen ersten Erfolgen als Schriftsteller. Als einziges überlebendes Kind seiner Eltern, die im Zweiten Weltkrieg und der Zeit danach vier Söhne verloren haben, wächst Ortheil, geboren 1951, in Köln auf. Die Mutter ist stumm geworden, und auch ihr letzter Sohn lebt zunächst stumm an ihrer Seite. Nach Jahren erst kann er sich aus der Umklammerung der Familie lösen.

Marcel Reich-Ranicki: **Mein Leben** (Pantheon). Marcel Reich-Ranicki (1920–2013) überlebte nur knapp das Warschauer Ghetto und kehrte nach dem Krieg nach Deutschland zurück, wo er seine Karriere als Literaturkritiker begann.

Alice Schwarzer: **Lebenslauf** und **Lebenswerk** (kiwi). In »Lebenslauf« schildert Schwarzer, geboren 1942 in Wuppertal, ihre Herkunft, ihre Kindheit und Jugend sowie die frühen Jahre als Journalistin. Im zweiten Band »Lebenswerk« berichtet sie über die großen Themen ihres Lebens: ihre Kämpfe gegen Gewalt an Frauen und Kindern, gegen die Männerjustiz, das Abtreibungsverbot, Sexismus und Pornografie.

Jeannette Walls: **Schloss aus Glas** (Diana). Während der Vater ein ambitionierter Träumer und hoffnungsloser Säufer ist, widmet sich die egomanische und arbeitsscheue Mutter vollkommen ihrer Malerei und lässt die Kinder verwahrlosen. Mit ihren Eltern und drei Geschwistern zieht Jeannette quer durch die USA. Nirgendwo bleiben sie lange, ständig sind sie auf der Flucht vor Gläubigern und Krankenhausrechnungen. Die Journalistin und Autorin Jeannette Walls, geboren 1960, hat 2007 mit ihrer Autobiografie einen weltweiten Bestseller verfasst.

Anna Wimschneider: **Herbstmilch** (Piper). Die Lebensgeschichte einer Bäuerin (1919–1993), ein Dokument des 20. Jahrhunderts, das vom Schicksal der kleinen Leute handelt, von Menschen, die im Schweiße ihres Angesichts ihr Brot verdienen und ihr Leben bewältigen.

Christa Wolf: **Ein Tag im Jahr: 1960–2000** (suhrkamp taschenbuch). Vierzig Jahre lang porträtierte Christa Wolf (1929–2011) jeden 27. September, notierte die Erlebnisse, Gedanken und Gefühle eines jeden dieser Tage. Entstanden sind eine persönliche Chronik und ein Zeugnis ihrer Existenz als Schriftstellerin, als Frau, Mutter, als Bürgerin der DDR und schließlich der BRD.

ACHTSAM (VER-)ERBEN

ACHTSAM (VER-)ERBEN

»Groll liegt wie altes Gerümpel auf der Seele«

Seelischen Wundschmerz nennt die Psychologin **Silke Brand** die negativen Gefühle, die entstehen, wenn wir von anderen Menschen gedemütigt oder enttäuscht werden. Was hilft, um nicht in die Verbitterung abzurutschen?

Frau Brand, nicht alle Kindheiten sind unbeschwert, nicht alle Eltern-Kind-Beziehungen ungetrübt. Im Gegenteil, mit dem Tod der Eltern kommen mitunter Gefühle, die man längst hinter sich gelassen zu haben glaubte, mit großer Wucht noch einmal zurück. Da mischen sich dann in die Trauer und den Kummer auch Wut und Groll über das lieblose oder ungerechte Verhalten der Eltern. Wie geht man damit um?
BRAND: Wenn uns schwierige Gefühle überrollen, ist es am allerwichtigsten, dass wir die eigene Verletztheit ernst nehmen und uns selbst mit Mitgefühl begegnen. Im Zusammenhang mit dem Thema Erbschaften wird manchmal schmerzlich deutlich, dass die Eltern einen vielleicht nicht so geliebt haben, wie man sich das gewünscht hätte. Dass Geschwister vorgezogen worden sind. Das ist unrecht, und es tut weh.

Selbstmitgefühl an dieser Stelle könnte bedeuten, zu sich selbst zu sagen: *Schade, dass meine Eltern sich nicht liebevoller/gerechter/wertschätzender verhalten haben!* Und dann den seelischen Wundschmerz, etwa in Form von Enttäuschung, Wut, Traurigkeit, Neid oder Eifersucht, zuzulassen. Diese Gefühlsreaktionen auf das unfaire Verhalten der Eltern wollen nicht nur wahrgenommen, sondern auch geäußert werden, etwa in guten Gesprächen mit Freunden, dem Partner oder Therapeuten, beim Tagebuchschreiben oder mithilfe von Körperübungen zum Gefühlsausdruck. Wichtig ist, dass wir unsere Gefühle ernst nehmen, ihre Botschaft entschlüsseln und sie danach wieder ziehen lassen.

Letztendlich bleibe ich aber allein mit dem kränkenden Gedanken, dem/der Toten weniger wert gewesen zu sein. Ich kann keine Fragen mehr stellen, ich kann nichts mehr klären, bekomme keine Antworten mehr. Was kann ich in einer solchen Situation tun, um nicht in den Zustand der Verbitterung abzugleiten?

ACHTSAM (VER-)ERBEN

BRAND: Es ist hilfreich, zwischen Absicht und Wirkung zu unterscheiden: Wir können besser loslassen, wenn wir ein ungerechtes Verhalten nicht persönlich nehmen. Es hilft, allein oder mit anderen Menschen, die die Eltern kannten, über Motive nachzudenken, die nichts mit der eigenen Person zu tun hatten. Vielleicht hat man eine krasse Ungleichbehandlung erfahren, aber sie war gar nicht böse gemeint. Vielleicht haben die Eltern dem Bruder mehr vererbt, weil er im Leben weniger erfolgreich war und sie ihn absichern wollten. Und einem selber weniger, weil sie das Zutrauen hatten, dass man auf eigenen Füßen steht. Mit solch einer Interpretation ist die Verarbeitung des Ererbten leichter! Es hilft uns Menschen, dem Schmerz nachträglich einen Sinn zu geben, beispielsweise: *Das was ich jetzt bin, habe ich aus eigenem Antrieb geschafft. Ich habe daraus gelernt, dass ich bei meinen Kindern besonders auf Gerechtigkeit achten werde.* Aus der Weisheitsforschung wissen wir heute: Je mehr Menschen an Leid durchlebt haben, desto weiser sind sie.

… und trotzdem, manche Menschen rutschen in die Verbitterung hinein. Finden aus ihrem Groll nicht mehr heraus. Wie kann ich das verhindern?
BRAND: Ärger und Wut zeigen uns zunächst einmal, dass Bedürfnisse nicht erfüllt wurden, dass wir frustriert sind. Es sind wichtige Gefühle, die wir nicht ignorieren sollten. Lieber sollten wir versuchen, den Auslöser der Wut zu verstehen und die Energie, die dabei freigesetzt wird, als Kraftstoff zu nutzen, als Antrieb, um eine Lösung zu finden. Zum Beispiel indem wir aufbegehren, indem wir »Stopp, so nicht« sagen, wenn unsere Grenzen überschritten werden. In dem Moment, wo wir eine Lösung gefunden haben, verschwindet die Wut quasi wie von selbst, da sie ihren Sinn erfüllt hat. Sie können sich das vorstellen, wie bei der Öl-Warnleuchte im Auto: Wenn sie blinkt und darauf hinweist, dass etwas fehlt (Öl!), können wir unterschiedlich damit

umgehen: Wir können Öl nachfüllen, und die Kontrolllampe erlischt automatisch. Oder, wie es eine verbitterte Person vielleicht machen würde, wir können über *das nervige Blinken* schimpfen, fluchen, auf das Steuerrad schlagen, uns darüber beschweren, dass der Partner/die Partnerin das Öl *schon wieder* nicht nachgefüllt hat und man sich immer selber drum kümmern muss.

Bei Verbitterung verwandelt sich die ursprüngliche Wut in einen destruktiven Zustand. Dieser Zustand zeichnet sich aus durch eine diffuse Aggressivität und Destruktivität. Verbitterte Menschen spüren oft Rachewut und Resignation. Sie fühlen sich als Opfer und haben keinen Kontakt mehr zur Kraft der ursprünglichen Wut. Vor lauter Frust versäumen sie sozusagen, Öl an der passenden Stelle nachzufüllen.

Was löst Verbitterung aus? Warum reichen manchmal kleine Ungerechtigkeiten, wie etwa dass der Bruder, der schon immer der Liebling der Eltern war, im Testament mit einer schönen, aber im Prinzip wertlosen Sammeltasse bedacht wird?
BRAND: Grundsätzlich können wir über jedes Erlebnis verbittern, wenn wir es persönlich nehmen. Das kann auch schon passieren, wenn die Chefin nicht grüßt oder der Partner einer anderen Frau hinterherguckt. Aber es gibt natürlich schwerwiegende Ereignisse, die die meisten Menschen erst mal verdauen müssen, wie z.B. Krieg, Vertreibung, Enteignung, schwere oder unheilbare Krankheiten, Verlust eines geliebten Menschen oder des Jobs. Auch das Erleben, Opfer eines Verbrechens oder einer Täuschung geworden zu sein, braucht für uns alle erst einmal Verarbeitungszeit. Doch selbst bei diesen wirklich schlimmen Dingen gibt es Unterschiede in der Verarbeitung, das hat Viktor Frankl während seiner Zeit im KZ beobachten können. Nicht jeder verbittert, der etwas Dramatisches erlebt hat, mag das Unrecht auch noch so groß gewesen sein. Seine

ACHTSAM (VER-)ERBEN

Erkenntnis daraus: Zwischen Reiz und Reaktion liegt ein Raum, in diesem Raum liegt unsere Macht zur Wahl unserer Reaktion. In unserer Reaktion liegen unsere Entwicklung und unsere Freiheit.

Nun verbittert wahrscheinlich niemand freiwillig?
BRAND: Nein, Verbitterung ist kein bewusster Prozess. Sie können sich Verbitterung eher als reflexhafte Schutzreaktion vorstellen, die immer noch besser auszuhalten ist als der Schmerz, der durch die ursprüngliche Kränkung entstanden ist. Frei nach dem Motto: Besser verbittert als verletzlich! Evolutionsbiologisch hat Bitterkeit die Funktion uns zu schützen. Zum Beispiel vor Vergiftungen beim Essen. Das spiegelt sich auch in der hohen Anzahl an Bittergeschmacksrezeptoren im Mund- und Rachenraum wider: Wie haben 25 für bitter und nur einen für süß. Werden Stoffe als bitter wahrgenommen, wird automatisch die Produktion antimikrobieller und verdauungsfördernder Magensäure angekurbelt. Nach altem Brauch hilft ein Magenbitter, Schweres zu verdauen. Bitterkeit ist also eine althergebrachter Verdauungsreflex. Gemüsesorten wie Chicorée, Rucola oder Spargel entwickeln mehr Bitterstoffe, wenn sie unter widrigen Bedingungen, also starken Temperaturschwankungen, extremer Nässe oder Trockenheit wachsen, wenn sie also unter »Stress« stehen. Wachsen sie hingegen behütet auf, etwa im warmen Gewächshaus, haben sie eher süßliche Aromen.

So wie bei Gemüse steigt auch bei Menschen die Wahrscheinlichkeit bitter zu werden, wenn sie Opfer widriger Umstände geworden sind. Bitterkeit ist also so etwas wie eine Verdauungshilfe bei Unrecht. Doch wenn der Brocken zu groß ist, kapitulieren wir. Die vorübergehende Bitterkeit nach einer Kränkung mündet in chronische Verbitterung: Der bittere Beigeschmack färbt auf das allgemeine Wohlbefinden ab. Die ohnmächtige Aggression, die dabei hochkommt, lässt Forscher vermuten, dass die biologische

Funktion dahinter ist, die letzten Kräfte zu mobilisieren – koste es, was es wolle. Bis hin zur Selbstzerstörung. Verbitterung wird daher auch als »Last resort«- Emotion bezeichnet.

Was sind typische Äußerungen von verbitterten Menschen?
BRAND: »Ich komme mit der Dummheit der Menschen einfach nicht klar.« »Mein Vater ist ein Vollpfosten. Ich wünsche ihm einen angenehmen Unfalltod.« »Es hat keinen Zweck sich zu wehren. Sie wird nur noch wütender und lässt dann alles an den Kindern aus.« Verbitterte Menschen schlagen häufig verbal um sich. Sie erleben sich auch noch lange nach dem erlebten Unrecht in der Opferrolle: Andere sind schuld, sie müssen es auch richten. Dabei fühlen sie sich zwar einerseits als moralische Sieger, sind jedoch in Wahrheit ohnmächtig, also ohne Macht. Das ist auf Dauer ungünstig, da es für das menschliche Wohlbefinden wichtig ist, die Welt beeinflussen zu können und dadurch Selbstwirksamkeit zu fühlen. Opfer bewegen sich in einer Minus-Plus-Haltung: Die Schuld, aber damit auch Verantwortung und Lösungsmacht liegen außerhalb der eigenen Person.

Was macht diese Haltung so gefährlich?
BRAND: Langfristig wirkt sie selbstzerstörerisch. Verbitterung ist zunächst einmal ein Zustand, keine Krankheit. Man kann sogar von einem Alltagsphänomen sprechen, das relativ häufig auftritt, aber meist auch wieder vorbeigeht. Eine Umfrage in einer Allgemeinstichprobe des Berliner Psychiaters und Psychologen Prof. Michael Linden, der in den Jahren nach der Wende das Phänomen Verbitterungsstörung entdeckt und intensiv erforscht hat, zeigte, dass ungefähr die Hälfte der Befragten gerade an einem erlebten Unrecht zu knabbern hatte, also »gekränkt« war.

ACHTSAM (VER-)ERBEN

Der Begriff Kränkung stammt vom mittelhochdeutschen krenken = beugen, schwächen, schädigen, erniedrigen. Wir fühlen uns gekränkt, wenn unser Selbstwert durch ein erlebtes Unrecht beschädigt wurde. Bei zwanzig Prozent der Befragten strahlte dies auf ihr sonstiges Denken und Fühlen aus, und zehn Prozent berichteten sogar von starken Beeinträchtigungen im Alltag, weil sie unfähig waren, sich davon abzulenken. Wenn eine solche Kränkungswunde nicht vollständig heilt, kann der Kränkungsschmerz chronisch werden: Der Groll liegt wie altes Gerümpel auf der Seele.

Und dann?
BRAND: Von einer Verbitterungsstörung spricht man, wenn die Verbitterungsreaktion einer Person länger als sechs Monate anhält und ein Ausmaß annimmt, das die Lebensqualität deutlich beeinträchtigt: Sie besteht aus exzessivem Grübeln, aggressiven und depressiven emotionalen Zuständen bis hin zu Rachefantasien und Suizidgedanken. Die Grundhaltung ist destruktiv. Auch ist das Risiko für psychosomatische Erkrankungen aller Art, wie Schlafstörungen, Appetitverlust, Schmerzen, deutlich erhöht.

Schützt mich Gegenwehr vor Verbitterung? Frei nach dem Motto: Rache ist süß?
BRAND: Rachewut ist nicht das eigentliche Gefühl, das durch eine Kränkung ausgelöst wird, sondern ein sekundäres Gefühl, das sich schützend über das ursprüngliche Gefühl von zum Beispiel Scham, Hilflosigkeit, Ohnmacht, Traurigkeit, Wertlosigkeit oder Angst legt. Die Psychologie unterscheidet echte Gefühle von sogenannten Pseudo-Gefühlen: Typische Pseudo-Gefühle eines Opfers sind Täter-Gefühle, wie beispielsweise verletzt, verarscht, ausgenutzt, ruiniert, bloßgestellt, gemobbt. Es fällt auf, dass all diese Wörter eine Passivkonstruktion beinhalten: Es steckt also jeweils noch eine andere

ACHTSAM (VER-)ERBEN

Person als Täter darin! Ein Weg, sich von Verbitterung zu befreien, ist sich selbst beim Denken zuzuhören und aus vorhandenen Täter-Gefühlen, die echten Gefühle herauszuschälen. So kann man sich selbst mithilfe der schon beschriebenen Haltung des Selbstmitgefühls in seiner Verletzung besser verstehen und versorgen. In der Rachewut fühlt sich das Opfer immer noch mächtiger als in der Verletztheit. Rache zu nehmen ist daher ein kurzfristiger Ausweg, geht aber am Kern des Problems vorbei. Im Gegenteil: Wenn Rache ausagiert wird, richtet sie nur noch mehr Schaden an. Bei mehr als der Hälfte aller Amokereignisse zwischen 1993 und 2001 wurde Rache als Motivation festgestellt.

Was ist dann ein guter Umgang mit dem Erlittenen? Soll ich mich wehren? Das unfaire Testament beispielsweise anfechten?
BRAND: Für sein Recht zu kämpfen ist zunächst einmal ein Akt der Selbstfürsorge: Ich habe eine unfaire Behandlung erlebt, und ich versuche, Gerechtigkeit herzustellen oder zumindest auf das Unrecht hinzuweisen. Ungeschehen macht man damit die Sache allerdings noch lange nicht. Gerade beim Erbe ist das nicht möglich, denn der Erblasser ist tot und kann nichts mehr rückgängig machen.

Und selbst vor Gericht bekommt man nicht immer Recht, selbst wenn man im Recht ist. Das ist dann doppelt frustrierend. Menschen, die sich in den Kampf für Gerechtigkeit verbeißen, verausgaben sich und behindern dadurch ihren inneren Heilungsprozess. Ihre Verbitterungsstrategie heißt »Angriff", sie werden im Volksmund auch Querulanten genannt. Ein bekannter Vertreter dieser Spezies ist Michael Kohlhaas aus dem gleichnamigen Roman von Heinrich von Kleist. Diese Figur versucht auf allen möglichen Wegen, zu ihrem Recht zu kommen und setzt dafür sogar ihr eigenes Leben aufs Spiel.

Kohlhaas ist auf dem Weg vom Gerechtigkeitskämpfer zum

ACHTSAM (VER-)ERBEN

Racheengel abgeglitten. Wie kann ich verhindern, dass ich selbst zum Kohlhaas werde?
BRAND: Zunächst einmal, Menschen unterscheiden sich in ihrer Anfälligkeit für Verbitterung. Die größte Rolle für die persönliche Kränkbarkeit spielt die eigene Biografie, die sogenannte Prägung: Hat zum Beispiel eine Person in ihrer Kindheit die Erfahrung gemacht, zu kurz gekommen zu sein, wird ein aktuelles Unrecht, wie eine ungerechte Erbschaftsverteilung, diese Person deutlich stärker kränken als einen Menschen, der in seinem Leben an diesem Punkt gut versorgt wurde.

Das Erleben, zu kurz gekommen zu sein, spielt bei Erbschaftsstreitigkeiten eine zentrale Rolle. Hierbei geht es um das Verteilungsthema unter den Geschwistern. Auch das Thema Enterbung ist eine große Ungerechtigkeit: Oft wird eine Enterbung schon zu Lebzeiten von Eltern als Druckmittel genutzt, um erwünschtes Verhalten bei den Kindern zu erpressen oder unerwünschtes Verhalten zu bestrafen. Enterbung kann psychologisch mit Liebesentzug gleichgesetzt werden. Das ist ein großes elterliches Unrecht in Bezug auf das kindliche Grundbedürfnis nach Liebe. Auch das Bedürfnis nach Würdigung und Anerkennung, etwa von pflegerischem Aufwand, kommt bei Erbschaften oft zu kurz und führt zu Kränkung und Verbitterung. Wenn wir ehrlich sind, stellen Ungerechtigkeiten in Familien eher die Regel als die Ausnahme dar.

Zu jedem Zeitpunkt jeder Person zu hundert Prozent gerecht zu werden, ist eine schier unlösbare Aufgabe! Das gilt für Eltern genauso wie für Führungskräfte oder Politiker. Das können wir gerade während der Corona-Pandemie live mitverfolgen. Mit anderen Worten: Das Leben ist ungerecht. Wir Menschen wollen es allerdings oft nicht wahrhaben und halten an dem Glaubenssatz »Die Welt muss gerecht sein!« fest.

ACHTSAM (VER-)ERBEN

Je mehr wir Gerechtigkeit von der Welt und den Menschen fordern, desto größer ist unser Enttäuschungs- bzw. Verbitterungspotenzial. Je ausgeprägter der Perfektionismus, also die Absolutheit der Forderungen an sich selbst und die Welt, je wichtiger die Anerkennung durch andere für den eigenen Selbstwert und je stärker die innere Neigung zu Rache und Kampf, desto anfälliger ist eine Person für Verbitterung. Umgekehrt gilt: Je nachsichtiger, flexibler und weiser jemand mit dieser nicht perfekten Welt und den nicht perfekten Menschen darin umgeht, desto weniger anfällig ist er für Verbitterung.

Welche Gesichter hat Verbitterung?
BRAND: Ein verbitterter Mensch wird als »Griesgram« erlebt. Die Miene ist finster, die Ausstrahlung negativ, die Kommunikation entweder karg und zynisch oder anklagend und lamentierend. Als Gegenüber hat man bei verbitterten Menschen ein »diffuses Tretminengefühl«, man fühlt sich gehemmt, bestimmte Themen anzusprechen. Und wenn man trotzdem Lösungsvorschläge anbietet, werden diese oft abgeblockt.

Ist den Betroffenen bewusst, wie sie auf ihre Familie, Freunde und Kollegen wirken?
BRAND: Eher nicht. Deswegen finden sie auch oft nur schwer die Anfangsmotivation, die Verbitterung selbst aufzulösen. Schließlich sind sie davon überzeugt, dass derjenige, der ihnen das Unrecht angetan hat, für die Lösung, etwa in Form von Wiedergutmachung, zuständig ist. Die Motivation für eine Behandlung entsteht meistens durch die Folgeprobleme der Verbitterung: Einsamkeit, chronische Gereiztheit und Unzufriedenheit, zwischenmenschliche Probleme, psychosomatische Beschwerden, wie Magenbeschwerden, Herz-Kreislaufprobleme oder Depressionen. Es besteht eine diffuse

ACHTSAM (VER-)ERBEN

Sehnsucht danach, unbeschwerter zu leben. Deshalb habe ich auch mein Entbitterungstraining so genannt: »Unbeschwert leben«.

Muss ich verzeihen, um aus der Verbitterung herauszukommen?
BRAND: Nein, das muss nicht sein. Wir können auch heimlich unseren persönlichen Groll auflösen und nur innerlich jemandem vergeben. Die betreffende Person muss es nie erfahren! Bei den toten Eltern geht das ja auch gar nicht mehr. Vergebung ist ein innerer Reinigungsprozess von belastenden Erinnerungen, der nur uns selbst betrifft. Ganz pragmatisch. Wenn wir demjenigen, dem wir vergeben haben, mitteilen, dass wir ihm vergeben, dann verzeihen wir. Wenn wir mit dieser Person die Beziehung fortführen, sprechen wir von Versöhnung.

Was muss passieren, damit man jemandem vergeben kann?
BRAND: Man muss sich aktiv dafür entscheiden, nicht Opfer bleiben zu wollen. Erst wenn man sich aus der Opferrolle gelöst hat, ist Entbitterung durch Vergebung, Verzeihung oder Versöhnung möglich. Wenn es gelingt, sich aus der Opferrolle zu befreien, dann ist es nur noch eine Frage der Zeit, bis die Wunde heilt.

Gibt es auch Situationen, in denen Vergebung nicht der richtige Weg ist?
BRAND: Vergebung ist aus psychologischer Perspektive der gesündeste Weg, mit erlebtem Unrecht umzugehen. Opfer geworden zu sein, bedeutet nicht, Opfer bleiben zu müssen. Es lohnt sich, sich aus der Opferrolle zu befreien. Wann auch immer man dazu bereit sein mag, und wie lange auch immer es dauern möge.

ACHTSAM (VER-)ERBEN

Eine praktische Anleitung, um aus der Verbitterung rauszukommen: Unbeschwert Leben in zehn Schritten *[**]

In Schritt 1 »**Ich benenne das Unrecht**« geht es darum, anzuerkennen, Opfer geworden zu sein.

In Schritt 2 »**Ich nehme meine Verletzung achtsam wahr**« wird sich mit der Wunde beschäftigt, die durch das Unrecht entstanden ist.

Bei Schritt 3 »**Ich praktiziere Selbst-Mitgefühl**« geht es darum, auf die innere Verletztheit einzugehen, und zwar mit einer wohlwollenden und ernst nehmenden Haltung.

Bei Schritt 4 »**Ich praktiziere Selbst-Fürsorge**« wird die Verantwortung für das innere Kind übernommen. Mithilfe von verschiedenen Übungen werden Sicherheit und Geborgenheit wiederhergestellt.

Schritt 5 »**Ich befreie mich aus der Opferrolle**«: Und zwar mithilfe des Konzepts der »kreativen Hoffnungslosigkeit«. Das ist der Punkt, an dem wir feststellen, dass wir auf keinen Fall erfolgreich sein werden, wenn wir so weitermachen. Aus »Notwehr« lassen wir los und sind dadurch frei für Lösungsalternativen.

Schritt 6 »**Ich definiere, was für mich Sinn macht**«: Auch wenn es auf den ersten Blick irritiert, Menschen sind in der Lage, jeder noch so

---

[**] aus: Silke Brand, Unbeschwert leben – Wie Sie sich in 10 Schritten von Verbitterung befreien, Junfermann Verlag, 2020

aussichtslosen Situation einen Sinn zu verleihen. Wenn dies gelingt, scheint es das Wohlbefinden deutlich zu steigern.

Mit Schritt 7 »**Ich äußere meine Gefühle**« wird erlernt, sogenannte Pseudo-Gefühle zu entlarven und sie mithilfe der Gewaltfreien Kommunikation (GFK) in authentische Gefühle umzuwandeln. Außerdem wird sich darin geübt, wichtige Informationen über eigene Bedürfnisse aus den Gefühlen herauszulesen.

Bei Schritt 8 »**Ich praktiziere Mitgefühl**« geht es um ein Training der psychischen Flexibilität durch Perspektivübernahme, Empathie und Mitgefühl.

In Schritt 9 »**Ich übernehme Verantwortung für mein Handeln**« beschäftigt man sich mit der eigenen Wirkung auf andere. Auch wenn ein Mensch in bestimmter Hinsicht Opfer geworden ist, hat das eigene Verhalten unabhängig davon auch einen Effekt – nach innen und außen.

Schritt 10 beinhaltet **ein Ritual**, um die Schritte 1 bis 9 zu krönen. In allen Völkern finden sich Rituale, die Menschen sich ausgedacht haben, um Erfahrungen zu besiegeln, Übergänge zu erleichtern oder zu feiern. Rituale scheinen uns Menschen die Anpassung an äußere Umstände zu erleichtern und Entschlüsse zu bekräftigen.

<u>Dr. **Silke Brand**</u> (Jg. 1971) ist Diplom-Psychologin, Psychologische Psychotherapeutin, Paarberaterin und Coach in eigener Praxis in Köln, praxisdrbrand.de. Für Menschen, die sich gern digital durch den Verbitterungsprozess begleiten lassen möchten, hat Silke Brand einen Online-Kurs entwickelt: »Warum ich? Wie Sie sich von Verbitterung befreien und an erlebtem Unrecht wachsen«, sinnsucher.de/kurse

ACHTSAM (VER-)ERBEN

ACHTSAM (VER-)ERBEN

Richtig vererben und erben – gar nicht so einfach

Warum es wichtig und sinnvoll ist, Grundkenntnisse über die gesetzliche Erbfolge und die Abfassung eines gültigen Testaments zu haben.

»Ich brauche kein Testament. Meine Frau bekommt alles«, sagt ein verheirateter, kinderloser Mann, nennen wir ihn Hans. Ist es tatsächlich so einfach? Hans hatte einen Bruder, der vor vielen Jahren verstarb. Mit dessen Sohn, der im Ausland lebt, haben Hans und seine Frau keinen Kontakt, sie würden ihn auf der Straße nicht erkennen. Wer erbt also, wenn Hans stirbt? Was erscheint Ihnen aus dem Bauch heraus als »angemessen« oder »gerecht«? Gehen Sie wie Hans davon aus, dass seine Ehefrau die alleinige Erbin ist? Dann liegen Sie falsch. Wenn Hans weder Testament noch Erbvertrag hinterlassen hat, tritt nämlich die im **Bürgerlichen Gesetzbuch vorgesehene gesetzliche Erbfolge** ein. Diese führt mitunter zu Überraschungen bei den Hinterbliebenen. In diesem Fall würde die Witwe drei Viertel des Erbes erhalten und der unbekannte Neffe von Hans ein Viertel.

ACHTSAM (VER-)ERBEN

Ein anderer Fall: Ein Sohn verzichtete auf seinen Pflichtanteil, damit seine Mutter, die Ehefrau des Verstorbenen, das gesamte Erbe erhält. Da es jedoch kein Testament gab, griff auch hier die gesetzliche Erbfolge. Durch den Verzicht des Sohnes (Erbe 1. Ordnung) erbte nun nicht wie geplant die Mutter alles, sondern die Cousins und Cousinen (Erben 2. Ordnung) erhielten nun den Pflichtteil des Sohnes. Und ist Ihnen klar, dass Lebenspartner*innen nicht erbberechtigt sind, selbst wenn die Beziehung schon viele Jahrzehnte bestand? Unverheiratete können nach der gesetzlichen Erbfolge nur dann erben, wenn eine eingetragene Partnerschaft bestand.

Diese drei Beispiele zeigen, wie wichtig es ist, zumindest eine grobe Vorstellung von der gesetzlichen Erbfolge zu haben. Denn nur dann kann man entscheiden, ob das eigene Erbe auf diese Weise später so verteilt wird, wie man es sich wünscht. Oder ob es sinnvoll und notwendig ist, ein Testament abzufassen, das dem eigenen Willen und Wunsch die nötige Form gibt. Klare Regelungen können zudem späteren Streit und Ärger über Ihren Nachlass vermeiden helfen. Auch für Erben sind Kenntnisse über die gesetzliche Erbfolge hilfreich, um die richtigen Schritte zu tun.

Das Einmaleins des Erbrechts
Das Erbrecht ist komplex, die juristische Sprache kompliziert. Diese kleine Übersicht soll mit den wichtigsten Begriffen im Erbrecht vertraut machen, für die Komplexität des Themas sensibilisieren und auf diese Weise erste Hinweise auf mögliche Fallstricke geben. Sie ersetzt auf keinen Fall eine fachliche Beratung. Insbesondere keine anwaltliche oder notarielle Hilfe. Expertenrat ist im Zweifel immer zu empfehlen und gar nicht so teuer. Menschen mit geringem

ACHTSAM (VER-)ERBEN

Einkommen und Vermögen können nach dem Beratungshilfegesetz sogar eine deutlich vergünstigte oder sogar kostenfreie Rechtsberatung in Anspruch nehmen. Weitere Hinweise finden Sie beim Bundesministerium der Justiz und für Verbraucherschutz »Beratungshilfe« unter bmjv.de.

Gesetzliche Erbfolge: Wie oben beschrieben gilt die gesetzliche Erbfolge, wenn weder Testament noch Erbvertrag vorliegen. Zunächst erben die engsten Verwandten, die Erben erster Ordnung, das sind Kinder, Enkel und Urenkel. Erst dann kommen weiter entfernte Verwandte, die Erben zweiter Ordnung, wie Eltern und Geschwister, Neffen und Nichten. Erben dritter Ordnung sind dann die Großeltern, Onkel, Tanten, Cousins und Cousinen. Vorrangig sind immer die Erben der niedrigeren Ordnung. Das heißt, erst erben die Nachkommen erster Ordnung. Nur wenn es auf dieser Ebene niemanden mehr gibt, sind die Erben der zweiten Ordnung an der Reihe und entsprechend, falls auch auf dieser Ebene niemand mehr lebt, die Erben dritter Ordnung.

ACHTSAM (VER-)ERBEN

Die gesetzliche Erbfolge

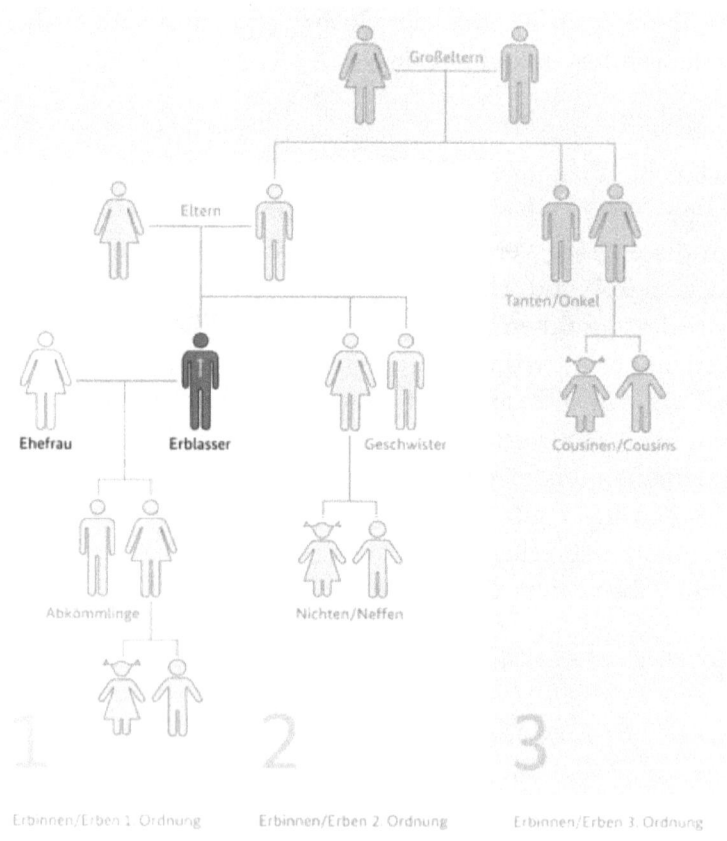

Quelle: »Erben und Vererben. Informationen und Erläuterungen zum Erbrecht«, Hrsg. Bundesministerium der Justiz und für Verbraucherschutz

ACHTSAM (VER-)ERBEN

Gut zu wissen: Es erben grundsätzlich nur blutsverwandte Angehörige. Ausnahme: adoptierte Personen und Ehepartner. Hinterlässt der Erblasser Kinder, beträgt der gesetzliche Pflichtanteil für den Ehepartner die Hälfte des Nachlassvermögens. Existieren keine Kinder, beträgt der gesetzliche Erbteil sogar drei Viertel des Nachlasses. Unverheiratete Partner gehen leer aus.

Ist kein Testament oder Erbvertrag vorhanden, gibt es keine gesetzlichen Erben oder haben alle Erben die Erbschaft zum Beispiel wegen Überschuldung ausgeschlagen, erbt das Bundesland, in dem der Erblasser zur Zeit seines Todes seinen Wohnsitz oder gewöhnlichen Aufenthalt hatte.

Erbschaft annehmen
Es ist immer sinnvoll, zunächst zu prüfen, ob Sie eine Erbschaft überhaupt annehmen wollen. Denn: Als Rechtsnachfolger des Erblassers übernehmen Sie als Erbe auch dessen Schulden und müssen für diese sowohl mit dem Nachlass als auch mit Ihrem Eigenvermögen einstehen. Unter bestimmten Voraussetzungen besteht aber die Möglichkeit, die Haftung für Verbindlichkeiten des Erblassers auf den Nachlass zu beschränken. Lassen Sie sich beraten.

Das Testament
Mithilfe eines Testaments können Sie die gesetzliche Erbfolge in ihrem Sinne abändern.
Man unterscheidet zwischen:
- **Privatem handschriftlichen Testament:** Unterschreiben Sie mit ihrem vollen Namen, vermerken Sie Zeit und Ort der Niederschrift im Testament.

- **Notariell beurkundetes Testament:** Wer sichergehen will, bei der Abfassung keinen Fehler zu machen, kann ein notarielles Testament errichten. Der letzte Wille wird entweder mündlich gegenüber einem Notar oder einer Notarin erklärt oder selbst schriftlich abgefasst und dann einem Notar übergeben. Die Gebühr richtet sich nach dem Wert des Vermögens.

Hat der Verstorbene ein Testament hinterlassen, so überlagert dies die gesetzliche Erfolge. Es erben nur die Personen, die im Testament berücksichtigt sind. Hiervon gibt es nur eine Ausnahme: die Pflichtteilsberechtigten. Sie haben Anspruch auf den sogenannten Pflichtteil.

Der Pflichtteil: Abkömmlinge, Ehegatten und Eltern haben einen Anspruch – nicht aber Geschwister, Neffen, Nichten und andere entfernte Verwandte. Der Pflichtteil ist die Hälfte des gesetzlichen Erbes, diesen kann der Enterbte von den übrigen Erben einfordern. Aber Achtung, es ist ein reiner Geldanspruch. Der Enterbte kann keine bestimmten Dinge, wie Schmuckstücke oder Häuser, einfordern.

Die Enterbung: Grundsätzlich gilt: Auch wer enterbt wird, hat Anspruch auf seinen Pflichtteil. Nur in Ausnahmefällen kann ihm dieser Pflichtteil abgesprochen werden. Vom Bundesverfassungsgericht etwa ist anerkannt, dass ein Kind, das seine Eltern getötet hat, keinen Anspruch auf seinen Pflichtteil mehr hat. Weitere Gründe zur vollständigen Enterbung sind durch das Gesetz in § 2333 des Bürgerlichen Gesetzbuches bestimmt. Zum Beispiel kann auch die rechtskräftige Verurteilung zu einer Freiheitsstrafe von mindestens einem Jahr einen berechtigten Grund zur Entziehung des Pflichtteils darstellen.

Der Widerruf Ihres Testaments ist jederzeit möglich. Es genügt, das Testament zu vernichten. Oder Sie verfassen ein neues Testament, das setzt ein älteres außer Kraft.

Aufbewahren können Sie Ihr Testament, wo Sie möchten. Doch gerade, wenn Sie es zu Hause aufbewahren und niemandem davon etwas sagen, besteht die Gefahr, dass es nach ihrem Tod übersehen oder heimlich vernichtet wird. Empfehlenswert ist es, das Testament beim Amtsgericht in amtliche Verwahrung zu geben. Das Gericht wird automatisch über den Tod des Erblassers benachrichtigt und informiert die Erben. Für die amtliche Verwahrung fällt eine Gebühr von 75 Euro an.

Im Unterschied zum Testament muss ein **Erbvertrag** immer notariell beurkundet werden. Vertragspartner kann jede beliebige Person sein. Anders als beim Testament können Sie einen Erbvertrag nach Abschluss aber nicht mehr einseitig ändern. Sie sind an den Vertrag gebunden. Ein Erbvertrag kommt vor allem infrage, wenn der Erblasser zu Lebzeiten eine Gegenleistung für das spätere Erbe erhält.

Berliner Testament ist die umgangssprachliche Bezeichnung für ein gemeinschaftliches Testament. Dabei setzen sich die Eheleute gegenseitig als Alleinerben ein, um die Versorgung des länger Lebenden sicherzustellen. Zugleich legt das Paar meist fest, dass nach dem Tod des länger lebenden Ehegatten der beiderseitige Nachlass einer oder mehreren anderen Personen zufallen soll, den sogenannten Schlusserben. Meistens sind das die gemeinsamen Kinder – das ist aber keine Zwangsläufigkeit. Das gemeinsame Testament wird unwirksam, wenn die Ehe vor dem Tod eines der Erblasser geschieden wird. Unter steuerlichen Gesichtspunkten ist das Berliner Testament bei großen Vermögen nicht immer vorteilhaft, Beratung ist auf jeden Fall sinnvoll.

Erbschaftssteuer

Ob und wieviel Sie zahlen müssen, hängt von dem Wert der Erbschaft und dem Verwandtschaftsverhältnis ab. Je näher die Erben mit dem Erblasser verwandt sind, umso höher sind die Freibeträge.

Steuerklasse	Verwandtschaftsgrad	Freibeträge
1	Ehepartner	500.000 €
1	Kinder, Stiefkinder, Enkel verstorbener Kinder	400.000 €
1	Enkel	200.000 €
1	Eltern, Großeltern	100.000 €
2	Geschwister, Nichten, Neffen, Stiefeltern, Schwiegerkinder	20.000 €
3	Sonstige Personen	20.000 €

Übersteigt das Erbe den gesetzlichen Steuerfreibetrag, müssen Sie zahlen. Die Höhe der Erbschaftssteuer richtet sich nach dem Wert des Vermögens und der jeweiligen Steuerklasse.

Es gibt drei Erbschaftssteuerklassen, die über das Verwandtschaftsverhältnis zum Erblasser definiert werden:

ACHTSAM (VER-)ERBEN

Steuerklasse I: Ehegatten, eingetragene Lebenspartner, Kinder, Enkel
Steuerklasse II: Geschwister, Nichten, Neffen, Schwiegereltern
Steuerklasse III: Cousins oder nicht verwandte Personen

Der Erbschein: Ein Erbschein ist ein offizieller Ausweis, wer Erbe ist und wie viel jeder Einzelne erbt (Erbquote). Er muss kostenpflichtig beim zuständigen Nachlassgericht beantragt werden. Die Kosten richten sich nach der Höhe der Erbschaft. (Beispielrechnung: Sie erben 200 000 Euro und zahlen dann für den Erbschein 870 Euro.). Banken und Grundbuchämter verlangen häufig einen Erbschein als Nachweis. Ein notarielles Testament kann den Erbschein allerdings in aller Regel ersetzen. Eine weitere Möglichkeit, den Gang zum Nachlassgericht zu sparen: Der Erblasser erteilt dem Erben zu Lebzeiten eine Vollmacht. Damit kann der Erbe nach dem Tod ebenfalls Konten auflösen oder Grundstücke umschreiben. Viele Banken halten zu diesem Zweck entsprechende Formulare bereit.

Kurzum: Sie brauchen einen Erbschein nur dann, wenn Sie Ihre Erbenstellung nicht anderweitig nachweisen können oder es Unstimmigkeiten darüber gibt, wer tatsächlich Erbe wird. Bevor Sie einen Erbschein beantragen, sollten Sie deshalb klären, wofür Sie ihn benötigen und ob er nicht aufgrund eines anderen Erbnachweises überflüssig ist. Wichtig: Mit dem Antrag eines Erbscheins nehmen Sie das Erbe an – auch etwaige Schulden.

ACHTSAM (VER-)ERBEN

Checkliste für den Todesfall**
Vater, Mutter oder der Ehepartner – ein lieber Mensch ist verstorben. Was ist nach einem Todesfall alles zu erledigen?

- **Arzt anrufen**: Wenn Ihr Angehöriger zu Hause verstorben ist, informieren Sie Ihren Hausarzt oder einen anderen erreichbaren Arzt. An Sonn- und Feiertagen oder nachts rufen Sie den kassenärztlichen Bereitschaftsdienst unter der bundesweit einheitlichen Telefon-Nummer 116 117 an (Vorwahl nicht notwendig, Anrufe sind kostenfrei). Sie können damit aber auch bis zum nächsten Morgen warten. In Krankenhäusern, Pflegeheimen oder Hospizen wird automatisch ein Arzt benachrichtigt. Der Arzt stellt eine Todesbescheinigung aus, ein wichtiges Dokument – ohne Totenschein erhalten Sie keine Sterbeurkunde.

- **Dokumente bereitlegen**: Suchen Sie Personalausweis, Reisepass, Führerschein, Geburtsurkunde und Heiratsurkunde des Verstorbenen heraus. Sie benötigen sie zur Erledigung der Formalitäten in den kommenden Tagen.

- **Bestatter auswählen und benachrichtigen**: Wählen Sie einen Bestatter aus, sofern der Verstorbene (eventuell im Rahmen eines Vorsorgevertrags) noch keinen festgelegt hat. Ein Bestattungsunternehmen finden Sie über den Bundesverband (www.bestatter.de) oder im Telefonbuch. Achten Sie darauf, dass der Bestatter vom Bundesverband geprüft ist. Vereinbaren Sie den Zeitpunkt für die Abholung des Leichnams. In der Regel darf der Verstorbene bis zu 36 Stunden in der Wohnung

---

** Mit freundlicher Genehmigung von www.ruby-erbrecht.com

bleiben. Der Leichnam wird dann in der Leichenhalle des Bestatters bis zur Beisetzung aufbewahrt. Im Krankenhaus oder Pflegeheim wird der Tote bis zur Abholung in einen speziellen Kühlraum gebracht.

- Der **Bestattungsvertrag**, den Sie abschließen, regelt, welche Leistungen erbracht werden sollen. Bei dem Beratungsgespräch gilt es, die Bestattungsart (etwa Erd-, Feuer- oder Seebestattung) zu bestimmen, ob der oder die Verstorbene im Sarg oder Urne beerdigt werden soll und welche Totenkleidung er oder sie tragen soll.

- Klären Sie, ob es eine **Bestattungsverfügung** des Verstorbenen gibt. Das ist eine schriftliche Erklärung zur Art der Bestattung (Erd-, Feuer-, See- oder Naturbestattung). Diesem Wunsch sollten Sie im Sinne des Verstorbenen folgen.

- **Bestattungspflicht:** In Deutschland sind die nächsten voll geschäftsfähigen Angehörigen des Verstorbenen in dieser Reihenfolge bestattungspflichtig: Ehepartner (oder eingetragene Lebenspartner), volljährige Kinder, Eltern, volljährige Geschwister. Sie sind verpflichtet und berechtigt, sich innerhalb der gesetzlichen Fristen um den Totenschein zu kümmern und für die Bestattung zu sorgen. Die Bestattungspflicht ist nicht mit dem Erbrecht verbunden. Es sind die Erben, die für die Bestattung des Erblassers aufkommen müssen.

- **Testament suchen:** Wenn Sie das Testament des Verstorbenen finden, müssen Sie es unverzüglich beim zuständigen Nachlassgericht abliefern. Das ist in Baden-Württemberg das örtliche Notariat, in allen anderen Bundesländern das örtliche Amtsgericht. Wer dagegen verstößt, macht sich der Urkundenunterdrückung strafbar.

- **Sterbeurkunde beantragen**: Ein Todesfall muss beim zuständigen Standesamt am Sterbeort angezeigt werden (spätestens am dritten Werktag nach dem Eintreten des Todes), dort werden die Sterbeurkunden ausgestellt. Sie benötigen dafür Totenschein, Geburtsurkunde und Personalausweis des Verstorbenen sowie je nach Familienstand die Heiratsurkunde (Familienstammbuch). Häufig übernehmen die Bestatter diese Aufgabe für die Angehörigen, dafür benötigen sie eine Vollmacht.

- **Krankenkasse, Lebens-, Renten- und Unfallversicherungen sofort informieren**: Dafür genügt zunächst eine formlose Mitteilung oder ein Anruf. Die Sterbeurkunde können Sie in der Regel nachreichen. Personenversicherungen wie die Lebens- oder Unfall-, Pflege-, Renten- oder Krankenversicherung enden automatisch mit dem Tod (bzw. der Einreichung der Sterbeurkunde). Bei Sachversicherung wie der Kfz- oder Hausrat-Police prüfen Sie, ob Sie oder andere Angehörige den Vertrag fortführen wollen.

- **Wohnung versorgen:** Kümmern Sie sich um Haustiere, gießen Sie die Pflanzen, stellen Sie Strom, Gas und Wasser ab, wenn Sie die Wohnung nicht mehr benötigen.

- **Arbeitgeber informieren**: Rufen Sie in der Personalabteilung des entsprechenden Unternehmens an.

ACHTSAM (VER-)ERBEN

- **Angehörige verständigen**: Die engsten Familienmitglieder und Angehörigen sind zu benachrichtigen, falls sie noch zu Hause vom Verstorbenen Abschied nehmen möchten.

- **Auto des Erblassers abmelden**, Zeitungsabos und Vereinsmitgliedschaften kündigen. Checken Sie Daueraufträge.

- **Digitalen Nachlass überprüfen:** Viele Geschäfte werden ausschließlich online abgewickelt. Für diese Geschäfte gilt – wie im analogen Geschäftsbereich – das Erbrecht des Bürgerlichen Gesetzbuchs. Erben müssen sich daher möglichst schnell einen Überblick verschaffen, welche Online-Dienste der oder die Verstorbene genutzt hat und welche Regelungen dort für den Todesfall jeweils gelten, etwa ob die Nutzungsbefugnis automatisch erlischt oder eine Kündigung erforderlich ist.

- **Finanzamt informieren**: Unabhängig von der Höhe des Erbes, sind Sie verpflichtet, dies dem Finanzamt (formlos) innerhalb von drei Monaten ab Kenntnis des Erbfalls mitzuteilen. Ob Sie Erbschaftsteuer zahlen müssen, hängt von der Höhe der Erbschaft ab.

- **Steuererklärung für den Verstorbenen:** Es ist auch Aufgabe der Erben, sich um die letzte Einkommenssteuererklärung der Verstorbenen zu kümmern – und ggf die Steuerschuld zu begleichen. Dem kann man sich nur entziehen, wenn man das Erbe ausschlägt. Deshalb: Beim Ausräumen der Wohnung darauf achten, dass keine Belege fürs Finanzamt verloren gehen. Abgabefristen: Ist die Mutter (oder der Onkel, der

ACHTSAM (VER-)ERBEN

Bruder, der Partner) im Juni gestorben, muss die Steuererklärung bis spätestens 31. Juli des darauffolgenden Jahres beim Finanzamt sein. Überlebende Ehegatten können vom sogenannten Witwensplitting profitieren. Die steuerlich günstige Zusammenveranlagung gilt noch für das Todesjahr und das darauffolgende Kalenderjahr.

ZUM WEITERLESEN

Know-how zum digitalen Nachlass bieten u.a. die Verbraucherzentralen. Dort finden Sie auch Muster-Vollmachten für digitale Konten. **www.verbraucherzentrale.de**

Was tun, wenn jemand stirbt? Ratgeber der Verbraucherzentralen, www.vzbv.de/ratgeber

Gut verständliche Erläuterungen zum Erbrecht bietet die Broschüre **Erben und Vererben**: herausgegeben vom Bundesjustiz-ministerium. Kostenloser Download: www.bmjv.de

Erben und vererben für dummies: von Karl-Heinz Belser (Wiley). Der Fachanwalt für Erbrecht und Steuerrecht navigiert durchs Erbrecht und sensibilisiert für mögliche Schwierigkeiten.

Das Nachlass-Set: Hrsg. von Stiftung Warentest. Das Set bietet Infos zu wichtigen Fragen wie: Was ist besser, ein Testament oder ein Erbvertrag? Wie sichere ich meine Angehörigen ab? Was gehört in eine

ACHTSAM (VER-)ERBEN

Vermögensübersicht? Wen muss ich informieren? Was wird aus meinem digitalen Nachlass?
Das Vorsorge-Handbuch: Patientenverfügung, Vorsorge-vollmacht, Betreuungsverfügung, Testament Taschenbuch von Jan Bittler, Wolfgang Schuldzinski, Heike Nordmann und Carina Frey, Hrsg. Verbraucherzentrale NRW.
Kurze Erklärtexte und präzise Schritt-für-Schritt-Anleitungen erläutern, wie die Dokumente zu erstellen sind; der Praxisteil enthält alle notwendigen Vorlagen (Textbausteine, Musterbeispiele und Formulare). Damit lässt sich eine Verfügung bereits an einem Abend erstellen. Plus: die Mustervollmacht für den digitalen Nachlass.

ACHTSAM (VER-)ERBEN

ACHTSAM (VER-)ERBEN

Hätten Sie's gewusst?*

Interessante, lustige und überraschende Fakten im Erbrecht

Paar ohne Trauschein
Mein Vater ist verwitwet gestorben. Er hat kein Testament hinterlassen, aber eine Lebensgefährtin, mit der wir Kinder uns nicht verstehen. Wir möchten, dass die Lebensgefährtin aus dem Haus auszieht. Sie verweigert dies aber. Zu Recht?

Die nichteheliche Lebensgefährtin Ihres Vaters hat kein gesetzliches Erbrecht und damit auch kein Eigentumsrecht am Haus Ihres Vaters. Allerdings steht Ihr nach der Rechtsprechung als »Familienangehöriger« des Vaters der sogenannte Dreißigste zu. Mit anderen Worten: Sie hat das Recht dreißig Tage die Wohnung oder das Haus weiter zu bewohnen, nach dreißig Tagen muss sie die Wohnung oder das Haus aber räumen.

---

* Wir haben uns größte Mühe bei der Zusammenstellung interessanter Urteile gegeben. Dennoch kann keine Gewähr für Richtigkeit und Vollständigkeit der hier verbreiteten Inhalte gegeben werden. Insbesondere können die Inhalte nicht die fachkundige Rechtsberatung in einem konkreten Fall ersetzen.
Quelle: ruby-erbrecht.com; kostenlose-urteile.de

ACHTSAM (VER-)ERBEN

Tipp: Wenn der Vater hätte verhindern wollen, dass die Kinder die Lebensgefährtin vor dir Türe setzen, hätte er sie mit einem Wohnungsrecht im Testament oder durch die lebzeitige Einräumung eines Wohnungsrechts absichern müssen.

Was tun mit Opas Colt?
Ich habe nach dem Tod meines Vaters eine Pistole auf dem Dachboden gefunden, wo sie anscheinend jahrelang völlig ungesichert herumlag. Was soll ich damit tun?

Erben, die keinen Waffenschein besitzen, wollen die Waffen schnell wieder loswerden. Noch bis 31. Dezember 2009 konnten Waffen bei Polizeidienststellen der Region ohne bürokratischen Aufwand abgegeben werden. Für illegale Waffen gab es zudem eine Amnestie – wer eine solche abgab, blieb straffrei. Seit 2010 gibt es in derartigen Fällen eine strenge strafrechtliche Verfolgung.

Vorsicht: Es ist zu beachten, dass nur Waffenscheininhaber die Waffe persönlich bei der Polizei abgeben dürfen. Wenn der Erbe selbst keinen Waffenschein hat, sollte er die geerbte, gefundene oder nicht mehr benötigte Waffen auf gar keinen Fall persönlich zur Polizei transportieren. Rufen Sie bei der Polizei an, sachverständige Polizeibeamte holen die Waffen nach Absprache beim Erben zu Hause ab.

Die Vorschriften besagen, dass Erben nach Paragraf 37 Waffengesetz »unverzüglich« den Besitz anzeigen müssen. Die Behörde kann dann die Waffen sicherstellen oder anordnen, dass sie unbrauchbar gemacht oder an einen anderen Berechtigten überlassen werden. Wenn der Erbe die Waffen behalten will, kann er binnen vier Wochen eine Waffenbesitzkarte beantragen. Sofern der Erbe als zuverlässig gilt und

ACHTSAM (VER-)ERBEN

die Karte erhält, muss die Waffe aber unschädlich gemacht werden – durch ein Blockiersystem, das ein Fachmann, also ein Büchsenmachermeister, anbringen muss. Zudem dürfen die Waffen dann auch nicht etwa als Schmuckstück an die Wand gehängt, sondern müssen sicher verschlossen werden.

Fälschung
Meine Schwester hat dem Nachlassgericht ein angeblich von meiner verstorbenen Mutter stammendes Testament vorgelegt. In diesem Testament wird meine Schwester zur Alleinerbin eingesetzt. Sie hat vom Nachlassgericht deswegen einen Alleinerbschein erhalten. Ich glaube aber, dass das Testament nicht echt ist. Was kann ich tun?

Ist das Testament echt, steht Ihnen trotzdem der Pflichtteil zu, den Sie von Ihrer Schwester einfordern müssen. Am besten durch einen auf Erbrecht spezialisierten Anwalt. Ist das Testament hingegen gefälscht, wären Sie nach dem Gesetz Miterbin neben Ihrer Schwester. Sollte Ihre Schwester das Testament gefälscht haben, wäre Sie sogar erbunwürdig, und Sie könnten, falls Ihre Schwester kinderlos ist, sogar Alleinerbin sein.
Sie können die Echtheit des Testaments durch ein Urkunden- und Schriftenlabor überprüfen. Immerhin ist die Echtheit bei knapp einem Drittel der überprüften Testamente nicht gegeben oder zweifelhaft.

Grober Undank
Mein Mann hat unserem Sohn ein Haus geschenkt, um später Erbschaftsteuer zu sparen. In der Folge hat unser Sohn meinen Mann beleidigt und auch geschlagen. Ich will, dass mein Mann das Haus wegen groben Undanks zurückverlangt. Er ziert sich aber. Leider sind mein Mann und mein Sohn beide schwer krank. Was passiert, wenn mein Mann stirbt oder mein Sohn stirbt. Kann ich das Haus dann zurückfordern?

ACHTSAM (VER-)ERBEN

Eine Rückforderung des geschenkten Hauses durch Ihren Mann wegen groben Undanks scheint Erfolg versprechend zu sein. Allerdings muss die Rückforderung binnen eines Jahres seit dem groben Undank durch den Schenker also Ihren Ehemann erfolgen.

Variante 1:
Sollte Ihr Mann versterben, bevor er das Haus zurückverlangt hat, können Sie als seine Erbin das Haus grundsätzlich nicht wegen groben Undanks zurückfordern. Nur wenn der Sohn Ihren Mann getötet oder den Widerruf durch Ihren Mann verhindert hätte, wäre für Sie als Erbin eine Rückforderung möglich gewesen. Allerdings können Sie das Rückforderungsbegehren als Erbin ihres Mannes weiterverfolgen, wenn Ihr Mann die Rückforderung schon zu seinen Lebzeiten verlangt hatte.

Variante 2:
Sollte Ihr Sohn versterben, bevor ihr Mann die Rückforderung des Hauses begehrt hat, ist eine Rückforderung nicht mehr möglich.

Beerdigungskosten
Ich habe seit Jahrzehnten keinen Kontakt mehr zu meinem Vater, ich will auch mit der Erbschaft nichts zu tun haben und habe das Erbe ausgeschlagen, muss ich trotzdem für die Beerdigungskosten aufkommen?

Ja, auch wenn Kinder die Erbschaft ausschlagen, etwa weil sie sich mit dem Elternteil überworfen haben, müssen sie die Kosten der Beerdigung tragen.

Testierfähigkeit
Meine Tochter ist 16 Jahre und leider schwer erkrankt. Sie möchte gern ein Testament machen, geht das oder ist sie dafür noch zu jung?

ACHTSAM (VER-)ERBEN

Ein handschriftliches Testament kann sie selber erst schreiben, wenn sie das 18. Lebensjahr vollendet hat.
Ein notarielles Testament, das allerdings Geld kostet, kann sie ab dem 16. Lebensjahr errichten.

Auskunftspflicht Arzt
Meine Mutter ist verstorben. Habe ich Anspruch vom Arzt meiner verstorbenen Mutter Einsicht in die Patientenakte zu bekommen?

Solche Auskünfte können sehr wichtig sein, z.B. um die Testierfähigkeit zu beurteilen oder Forderungen gegen Versicherungen durchzusetzen. Doch Ärzte erteilen solche Auskünfte ungern, weil für sie grundsätzlich die Schweigepflicht gilt. Nur der Patient selbst hat das Recht auf Einsicht in die Akte, die sein Arzt über ihn führt. Das gilt auch nach seinem Tod. Es sei denn der Patient hat den Arzt von seiner Schweigepflicht gegenüber den Erben entbunden, etwa durch eine ausdrückliche Einwilligung im Testament. Das ist aber so gut wie nie der Fall.

Liegt keine ausdrückliche Einwilligung vor, ist zu fragen, ob der Erblasser mutmaßlich in die Akteneinsicht eingewilligt hätte. Entscheidungskriterium ist das wohlverstandene Interesse des Erblassers. Mögliche Gründe können sein:

- bei der Verfolgung von potenziellen Behandlungsfehlern des Arztes
- zur Klärung der Testierfähigkeit des Erblassers
- zur Durchsetzung von Forderungen gegen Versicherungen

ACHTSAM (VER-)ERBEN

Lohn für Pflegeleistung
Mein Bruder und ich sind die einzigen Kinder unserer verwitweten Mutter. Mutter gehört noch ein Bauplatz im Wert von 50.000 Euro. Ich habe mich viele Jahre um Mutter gekümmert. Für die Pflege meiner Mutter Geld zu verlangen, kam für mich nie infrage. Jetzt möchte die Mutter aber, dass noch vor ihrem Tod meine Leistungen vergütet werden. Wenn ich den Wert meiner Leistungen berechne, sind das mehr als 50.000 Euro. Mutter meint, sie überträgt mir den Bauplatz als Entgelt für meine Pflegeleistungen, dann bekäme mein Bruder nichts mehr. Geht das?

Ja, das wurde sogar schon vom Bundesgerichtshof anerkannt. Der BGH geht davon aus, dass der Pflichtteilsberechtigte (also Ihr Bruder) auch nachträgliche Vereinbarungen über die Entgeltlichkeit von lebzeitigen Geschäften des Erblassers hinnehmen muss, solange zwischen Leistung und Gegenleistung kein auffallend grobes Missverhältnis besteht. Das ist in Ihrem Fall gegeben. Es liegt somit keine Schenkung des Bauplatzes vor (bei der ihr Bruder seinen Pflichtteil bekommen hätte, wenn die Mutter in den nächsten zehn Jahren stirbt), sondern ein voll entgeltliches Rechtsgeschäft.

    Bei der Bewertung der erbrachten Pflege und des Bauplatzes ist aufgrund der engen familiären Beziehung zwischen Ihnen und Ihrer Mutter ein erheblicher Bewertungsspielraum zu Ihren Gunsten gegeben, ehe ein Missverhältnis zwischen Leistung und Gegenleistung anzunehmen ist.

Die schenkungsteuerlichen, einkommensteuer- und sozialversicherungsrechtlichen Folgen dieser Gestaltung sind allerdings noch nicht geklärt.

Nießbrauch
Ich beziehe Arbeitslosengeld II. Wenn ich jetzt ein Haus von meinen Eltern erhalten sollte, das mit einem Nießbrauch belastet ist, zählt das dann für die

ACHTSAM (VER-)ERBEN

Behörde zum verwertbaren Vermögen und ich bekomme kein Arbeitslosengeld II mehr?

Eine mit Nießbrauch belastete Immobilie gehört zum verwertbaren Vermögen! Bei der Feststellung der Hilfebedürftigkeit bzw. der Berechnung der Höhe des Anspruchs auf Arbeitslosengeld II sind als Vermögen unter anderem grundsätzlich alle verwertbaren Vermögensgegenstände zu berücksichtigen, Ausnahme: Schonvermögen.

Das Bundessozialgericht in Kassel hat jetzt klargestellt, dass es auch eine mit einer Dienstbarkeit (hier: Dauerwohnrecht) belastete Immobilie für verwertbar hält, z.B. durch Beleihung. Damit korrigierte es die Ansicht des vorinstanzlichen Landessozialgerichtes, welches eine frühere Entscheidung des Bundessozialgerichts gegenteilig interpretiert hatte.

Im entschiedenen Fall lebten die Eltern des Klägers als Dauerwohnberechtigte im Erdgeschoss und der Kläger als Eigentümer im Obergeschoss eines Hauses mit 174 m² Wohnfläche. Damit zählte das Haus auch nicht zum Schonvermögen, zu welchem nur selbst genutzte Hausgrundstücke von angemessener Größe (für drei Personen: 110 m²) zählen. Bundessozialgericht, Urteil vom 12.07.2012, Az. B 14 AS 158/11 R.

Bankschließfach
Mein Lebensgefährte hat im Bankschließfach Edelmetalle im Wert von 200.000 Euro liegen. Kann ich die nach seinem Tod einfach ausräumen, um Erbschaftsteuer zu sparen oder mache ich mich da strafbar?

Wenn Sie Erbin Ihres Lebensgefährten sind, machen Sie sich mit dem Ausräumen allein noch nicht strafbar. Allerdings werden sie vom Finanzamt zur Abgabe einer Erbschaftsteuererklärung aufgefordert.

ACHTSAM (VER-)ERBEN

Die Bank hat bereits zuvor dem Finanzamt gemeldet, dass ein Schließfach vorhanden war. Über den Inhalt des Schließfachs erfolgt keine Meldung, zumal die Bank den Inhalt im Normalfall nicht kennt. Jetzt sind Sie verpflichtet, den Inhalt des Schließfaches als Teil des Erbes zu melden. Tun Sie das nicht und ist Ihr Freibetrag bei der Erbschaftsteuer überschritten, so dass bei ordnungsgemäßer Meldung Erbschaftsteuer angefallen wäre, liegt eine strafbare Steuerhinterziehung vor. Als Lebensgefährtin wäre das bei Ihnen sicher der Fall, da sie einen Freibetrag von nur 20.000 Euro haben. Hinzu kommt noch der Freibetrag für die Beerdigung von 10.300 Euro. Der Rest wäre mit 30 % zu versteuern. Es läge also eine strafbare Steuerhinterziehung von rund 50.000 Euro vor. Als Ehefrau hätten Sie einen Freibetrag von 500.000 Euro oder als Kind von 400.000 Euro und somit wäre keine Straftat gegeben.

Aber das Finanzamt kriegt das doch gar nicht mit, was im Schließfach drin war, oder?

Das ist richtig. Dennoch liegt eine Straftat vor, die möglicherweise nur nicht entdeckt wird, worauf Sie sich aber nicht verlassen sollten. Wenn es rauskommt, sind Sie dran. Ohnehin sollten Sie keine Steuerhinterziehung bzw. Straftaten begehen.

<u>Berliner Testament mit Pflichtteilsklausel</u>
Mein Mann und ich haben uns in einem Berliner Testament gegenseitig zu Alleinerben eingesetzt und unseren Sohn zum Schlusserben. Es war nur noch geregelt, dass er auch nach meinem Tod nur den Pflichtteil bekommt, wenn er nach meinem Mann seinen Pflichtteil fordert. Kann ich jetzt ein neues Testament machen und die Schwester meines Sohnes, die wir ursprünglich enterbt hatten, zur Alleinerbin einsetzen, sodass mein Sohn nur seinen Pflichtteil bekommt?

ACHTSAM (VER-)ERBEN

Ja, das geht. Haben Ehegatten durch Erbvertrag oder Ehegattentestament vereinbart, dass ein als Schlusserbe eingesetzter Abkömmling aus dem Nachlass des Überlebenden nur den Pflichtteil erhalten soll, wenn er diesen nach dem Tod des Erstversterbenden geltend macht, so kann diese Klausel dahin ausgelegt werden, dass der Überlebende endgültig Vollerbe wird und an die erbvertragliche bzw. testamentarische Schlusserbeneinsetzung nicht mehr gebunden ist, wenn der Abkömmling den Pflichtteil verlangt. Für das Wirksamwerden einer solchen Klausel genügt ein bewusster Verstoß des Sohnes; böswilliges Handeln wie dies früher zuweilen gefordert wurde, ist nicht erforderlich.

ACHTSAM (VER-)ERBEN

ACHTSAM (VER-)ERBEN

Erben in Film und Literatur

Drama, Neid, Verzweiflung und Abenteuer: Testamente und Nachlässe erzählen Familiengeschichten. Wer erbt? Und wer nicht? Wie beeinflusst die Hinterlassenschaft der Toten die Lebenden? Wer einigt sich mit wem? Kein Wunder, dass das Thema Erben viele Filmschaffende immer wieder inspiriert hat – eine kleine Auswahl.

Das Testament des Dr. Mabuse (Deutschland 1932)
In Fritz Langs Klassiker vollstreckt ein vom toten Verbrecher-Genie besessener Irrenarzt dessen Pläne zur Zerstörung der Gesellschaft.

Erbschaft um Mitternacht (USA 1939)
In der Horrorkomödie werden sechs entfernte Verwandte (u.a. Bob Hope) in ein unheimliches Haus in den Bayous in Lousiana geladen – zehn Jahre nach dem Tod ihres Vorfahren soll nun dessen Testament von einem Rechtsanwalt verlesen werden.

Die Strohpuppe (England 1964)
Der charmante Lebemann Anthony Richmond (Sean Connery) versucht mithilfe der Krankenschwester Maria (Gina Lollobrigida) an

das Erbe seines wohlhabenden, tyrannischen und auf einen Rollstuhl angewiesenen Onkels Charles Richmond zu gelangen. Der Bond-Darsteller ist in diesem Kriminalfilm der skrupellose Schurke.

Weekend (Frankreich 1967)
In dem Experimentalfilm von Jean-Luc Godard schließt das streitsüchtige Ehepaar Corinne (Mireille Darc) und Roland Waffenstillstand, um gemeinsam zu Corinnes sterbendem Vater aufs Land zu fahren: Sie wollen sich endlich ihre Erbschaft sichern, die sie seit einiger Zeit durch konstantes Vergiften des Mannes beschleunigen.

Aristocats (USA 1970)
In dem Disney-Klassiker setzt die betagte Madame Adelaide Bonfamille ihre Katze Duchesse mit ihren drei Kätzchen Marie, Toulouse und Berlioz als ihre Erben ein. Ihr Butler Edgar, der auf die Millionen gehofft hatte, ist so erbost, dass er die Katzen kidnappt und weit weg von Paris aussetzt. Doch er hat nicht mit dem streunenden Kater Abraham de Lacey Giuseppe Casey Thomas O'Malley gerechnet.

Der Erbe (Frankreich, 1973)
Bart Cordell (Jean-Paul Belmondo) ist der Sohn eines französischen Großunternehmers. Als dieser auf mysteriöse Weise ermordet wird, übernimmt Bart das Familienimperium. Bald fühlt er sich jedoch bedroht und muss erkennen, dass seine Feinde in der eigenen Familie zu finden sind. Spannender Wirtschaftskrimi.

Blutspur (USA, BRD 1979)
Nachdem ein reicher Industrieller auf mysteriöse Art stirbt, muss seine Tochter Elizabeth (Audrey Hepburn) das Erbe antreten.

ACHTSAM (VER-)ERBEN

Der kleine Lord (England 1980)
New York 1872: Der achtjährige Cedric Errol, dessen verstorbener Vater Engländer war, lebt mit seiner Mutter in bescheidenen Verhältnissen. Eines Tages taucht ein Mr. Havisham auf, der Gesandte seines englischen Großvaters, des Earls von Dorincourt (Alec Guinness), und bietet Cedrics Mutter an, mit ihrem Sohn nach England zu übersiedeln, denn Cedric sei einziger Erbe des Adelstitels und des Vermögens.

Rainman (US, 1984)
Charlie Babbitt, ein aalglatter und selbstverliebter Autohändler, stellt beim Tod seines Vaters fest, dass er einen älteren Bruder hat, der Autist ist – und das Millionenerbe vom Vater geerbt hat.

Didi – Und die Rache der Enterbten (Deutschland, 1985)
Dieter Dödel (Dieter Hallervorden, der in dem Klamaukfilm in sieben verschiedenen Rollen zu sehen ist) wird Alleinerbe – das kann die gierige Verwandtschaft nicht hinnehmen.

Das Erbe der Guldenburgs (BRD, TV-Serie 1987–1990)
Nachdem der Graf bei einem Autounfall stirbt, merkt die Familie, dass sie pleite ist.

Alles auf Zucker (Deutschland 2004)
In der Komödie von Daniel Levy muss sich der arbeitslose DDR-Sportreporter und Zocker Jaecki Zucker (Henry Hübchen) mit seinem jüdisch-orthodoxen Bruder (Udo Samel) aus Frankfurt versöhnen, um an das Erbe seiner Mutter zu gelangen.

ACHTSAM (VER-)ERBEN

7 Mulden und eine Leiche (Schweizerische Doku von 2007)
Nach dem Tod der Messie-Mutter muss der Schweizer Filmemacher Thomas Haemmerli die völlig zugemüllte Wohnung aufräumen und setzt sich dabei gezwungenermaßen intensiv mit der Verstorbenen und der Vergangenheit der Familie auseinander.

Hände weg von Mississippi (Deutschland 2007)
In Detlev Bucks Verfilmung des Kinderbuchs von Cornelia Funke erfährt die kleine Emma beim Besuch ihrer Großmutter Dolly, dass der Nachbar, der alte Klipperbusch, kürzlich verstorben ist. Sein schmieriger Neffe Albert Gansmann (Christoph Maria Herbst), genannt »Der Alligator«, versucht an das Erbe zu gelangen. Das alte Pferd Mississippi, Teil des Nachlasses, will er an den Schlachter Pit loswerden, wovon ihn Emma nur durch ein höheres Gebot abhalten kann. Kurze Zeit später taucht Gansmann bei Emma auf und will Mississippi für 500 Euro zurückkaufen. Sofort ist klar, dass dafür niemals Tierliebe der Grund sein kann.

Die Frau, die singt (Kanada 2010)
Die Zwillinge Jeanne und Simon erhalten bei der Testamentseröffnung zwei Briefe: einen für ihren unbekannten Vater, einen für einen ihnen bis dato unbekannten Bruder. Die Spurensuche führt die Geschwister in den Nahen Osten. Der Film basiert in Teilen auf der Autobiografie der libanesischen Widerstandskämpferin und Attentäterin Souha Bechara.

Die Erbschaft (DK, Serie in drei Staffeln 2014–2017)
Nach dem Tod der umstrittenen und exzentrischen Künstlerin Veronika Grønnegaard, erfahren ihre drei Kinder, dass sie noch eine weitere Schwester haben. Ihr, der jungen Floristin Signe Larsen (Marie

ACHTSAM (VER-)ERBEN

Bach Hansen), hat Veronika das Familienanwesen hinterlassen, aus dem die älteste Tochter (Trine Dryholm) ein Museum machen möchte.

Altes Geld (Österreich, TV-Serie von 2015)
Perfide Verlockung: Der Industriemagnat Rolf Rauchensteiner (Udo Kier) stellt sein Erbe dem in Aussicht, der ihm die dringend benötigte Spenderleber besorgt …

Knives Out – Mord ist Familiensache (USA, 2019)
Clever und amüsant: Regisseur Rian Johnson lässt die verwöhnte und exzentrische Sippschaft um das Erbe des ermordeten Patriarchen kämpfen, einem erfolgreichen Krimiautor. Ein Detektiv (Daniel Craig) versucht derweil zu klären, ob einer der Verwandten der Mörder ist.

Succession (US-Serie, seit 2018)
In der preisgekrönten NBO-Serie kämpfen die vier Kinder des Medienmoguls Logan Roy um dessen Nachfolge.

<u>Bonus-Track</u>
In dem Lucky Luke-Comic **Die Erbschaft des Rantanplan** erbt Hund Rantanplan vom alten Ogie Svenson eine Silbermine, ein Hotel und das halbe Chinesenviertel der Westernstadt Virginia City – und wird damit zum mächtigsten »Mann« der Stadt. Svenson hat ihm zu Erben ernannt, weil der treu-dümmliche Rantanplan das einzige anständige Wesen ist, das er je getroffen hat.

ACHTSAM (VER-)ERBEN

ACHTSAM (VER-)ERBEN

©/Copyright: 2021 Silke Gronwald + Almut Siegert
Margaretenstraße 62, 20357 Hamburg
www.ten-talks.de
1. Auflage
Umschlaggestaltung: Claudia Kusserow, Burkhard Riefel
Lektorat: Anke Taubitz
Bildbearbeitung: Stephan Pflug

Verlag: Edition Ten Talks
Das Werk, einschließlich seiner Teile, ist urheberrechtlich geschützt. Jede Verwertung ist ohne Zustimmung des Verlages und des Autors unzulässig. Dies gilt insbesondere für die elektronische oder sonstige Vervielfältigung, Übersetzung, Verbreitung und Bibliografische Information der Deutschen Nationalbibliothek:
Die Deutsche Nationalbibliothek verzeichnet diese Publikation in der Deutschen Nationalbibliografie; detaillierte bibliografische Daten sind im Internet über http://dnb.d-nb.de abrufbar.

www.ingramcontent.com/pod-product-compliance
Lightning Source LLC
Chambersburg PA
CBHW031620210526
45464CB00004B/1664